SHODENSHA
SHINSHO

クラシックを読む1

愛・狂気・エロス

百田尚樹

JN110507

祥伝社新書

本書は、雑誌『一個人』『Ｖｏｉｃｅ』の連載をまとめた『至高の音楽――クラシック「永遠の名曲」の愉しみ方』『この名曲が凄すぎる――クラシック 劇的な旋律』『クラシック 天才たちの到達点』（いずれもＰＨＰ研究所刊）をテーマごとに再構成したうちの第1巻です（全三巻）。刊行にあたっては、新原稿を含む加筆・修正を行なっています。

はじめに

音楽は文字通り「音を楽しむもの」です。ところがクラシック音楽は耳で楽しむだけではありません。読んでも楽しめる音楽なのです。

それはなぜか――。実はクラシック音楽にはドラマがあるからです。背後に作曲者の人生があり、曲の中に彼の苦悩や喜びがたっぷりと詰め込まれているからです。こんな音楽はなかなかありません。もちろん、そんなことを知らなくても、曲の魅力は十分に味わえます。しかし曲が持っているドラマを知れば、その曲をよりいっそう深く楽しめます。これがクラシック音楽の大きな魅力の一つです。つまりクラシック音楽は「読む」ことができる音楽なのです。

クラシック音楽の多くはポップスや歌謡曲のようなタイトルがありません。多くの曲はジャンルのナンバーで呼ばれます。交響曲○番、ピアノソナタ○番といった具合です。

《運命》《月光》《別れの曲》など有名曲の名前の多くは、後世の人がつけたあだ名です（もちろん作曲者自身がつけたものもありますが）。しかもオペラや歌曲を除いては、基本的に歌詞はなく、器楽《きがく》だけで演奏されます。つまり言葉のない音楽なのです。

しかしクラシック音楽の名曲をじっくりと聴けば、言葉がないにもかかわらず、曲は小説や詩以上に雄弁に語りかけてきます。「愛の喜び」という言葉は使われていなくても、聴く者の心に「愛の喜び」が深く突き刺さってくるのです。これが「クラシック音楽の持つ不思議な力」です。ベートーヴェンはこう言っています。

「音楽はあらゆる知恵や哲学よりも高い啓示である」

本書は、「愛の幻想」「エロス」「天才の狂気」というテーマでまとめました。この本で紹介している曲を聴けば、歌詞などはなくとも（オペラは別）、そこにはまぎれもない「愛の幻想」「エロス」そして「天才の狂気」が描かれているのを感じることができるでしょう。

二〇二一年一〇月

百田尚樹

目次

第二章

エロス

第三章 天才の狂気

第一章

愛の幻想

愛ほど魅惑的なものはありません。めくるめく陶酔、とろける喜び、燃える情熱、未来への夢——愛は人間のすべての情念を包括していると言っても過言ではありません。ただ、愛のすべては幻想です。しかしだからこそ愛は私たちを魅了し続けると言えます。

クラシック音楽には「愛の幻想」を描いたと思えるような曲がいくつもあります。そんな七曲を紹介しましょう。

ベルリオーズ「幻想交響曲」

失恋が創作のエネルギー

純愛か、歪《ゆが》んだ愛か？

「愛の幻想」という言葉がもっともふさわしいのは「幻想交響曲」かもしれません。

失恋が芸術作品を生み出すエネルギーになることは珍しくありませんが、それを剝《む》き出しの形で交響曲にしたのがルイ・エクトル・ベルリオーズ（一八〇三―一八六九）です。

ベルリオーズは青年時代は医者になろうと医科大学に入りましたが、解剖学を学んでいる時に気持ちが萎《な》えてしまい、代わりに音楽に興味が移り、パリのオペラ座に通うようになります。もともと音楽は好きで、それまでもフルートを練習したり、独学で「和声論《わせいろん》」などを勉強したりしていましたが、結局、一九歳の時に医学の道を捨て、音楽家への道を歩むことになります。

ベルリオーズの人生を大きく変える出来事が起こったのは、それから五年後の一八二七年のことです。二四歳のベルリオーズは、パリに公演に来ていたイギリスのシェークスピア劇団の芝居を観《み》て、ハリエット・スミスソンという三歳年上のアイルランド出身の看板女優に一目惚《ひとめぼ》れしたのです。完全にのぼせあがったベルリオーズは、ハリエットに情熱的な手紙を何通も送り、必死で面会を迫りますが、当時のベルリオーズは作曲コンクールに落選続きの無名の音楽家、かたや今をときめく人気女優では、格差は歴然で、案の定ベルリオーズはまったく相手にされず、この恋は実らないままに終わります。

ここまではよくある何でもない話です。ところが彼は転んでもただでは起きない男でした。何とこの失恋の苦しみを曲にしようと考えたのです。彼は自分をまったく相手にしないハリエットに憎悪を抱き、その屈折した感情を注《つ》ぎ込んで作品を仕上げました。それが彼のはじめての交響曲「幻想交響曲」です。

全部で五楽章からなるこの曲には「物語」があります。それは、一人の若い音楽家がある女性に恋をするが失恋し、人生に絶望して、阿片《アヘン》を飲んで自殺を図ったものの、致死量に至らず、瀕死《ひんし》の中で奇怪な幻想を見るというものです。各楽章にはすべて標題がつけられ、演奏の際には聴衆に解説つきのプログラムを配るように作曲家自身が指示しました。

第一楽章「夢、情熱」では、この曲の主人公がヒロインに恋する情熱と愛が綴《つづ》られます。短調と長調が交錯する様《さま》は、まさしく恋の喜びと苦しみを描いています。

第二楽章「舞踏会」では、彼は華やかな舞踏会で彼女が他の男とワルツを踊る姿を見て悲しむ心情が描かれています。優雅でロマンティックな楽章ですが、悲しみに彩《いろど》られた音楽でもあります。ここではハープがとろけるようなメロディーを奏《かな》でます。

第三楽章「野の風景」では、彼は自然の野山を歩きながら彼女を思います。遠くの雷鳴が彼女を失う不安を呼び起こします。

さて、このあたりまでは素晴らしいが普通の名曲という感じなのですが、「幻想交響曲」はここからが凄《すご》い！

第四楽章「断頭台への行進」で、彼はついに彼女を殺し、死刑を宣告されるのです。そして刑場（断頭台）へと引かれていきます。このあたりから音楽が異様な盛り上がりを見せ始めます。本来、断頭台へ向かう音楽なら、普通の作曲家は短調で悲劇を強調するところですが、ベルリオーズは逆に長調で明るい行進曲にしています。不思議なことに、逆にそれが不気味な効果を与えています。そしてこの楽章の最後には、彼はギロチンで首を刎《は》ねられるのですが、何とこのシーンも音楽にしています。悪趣味のきわみとも言えますが、音楽は鬼気迫るものがあります。

終楽章「魔女の夜宴の夢」では、音楽はさらに凄いことになります。死んだ彼は魔女たちの夜の饗宴の中に放り込まれます。そこに弔《とむら》いの鐘《かね》の音をバックに、魔物や化け物たちが笑い声やうめき声を上げて、集まってくるのです。もうこのあたりの音楽の怪奇性は、これまでどの作曲家も描けなかったものです。そして最後に一人の魔女がやってきますが、何とその魔女はかつて愛した女なのです——。

この楽章は全曲の白眉《はくび》です。斬新な和声（二声以上の和音の連結）、演奏法、リズムと、五〇年後のヴァーグナーを先取りしていると言っても過言ではありません。しかもオペラではないのにきわめて演劇的で、その迫力は異様なものがあります。

この楽章を支配しているのは、グレゴリオ聖歌の中にある「怒りの日」のメロディーです。この古い旋律をベルリオーズは効果的に使いながら、「魔女たちの饗宴」を音楽で描いていきます——。ちなみにこの部分はスティーヴン・キングのホラー小説をスタンリー・キューブリック監督が映画にした『シャイニング』の冒頭に繰り返し使われ、恐怖感を煽《あお》っています。これほど恐怖映画にばっちりと合うクラシック音楽も珍しいです。

「幻想交響曲」が発表されたのは一八三〇年ですが、当時としては驚くほどのモダンさを持っていました。ベートーヴェンが亡くなってわずか三年しか経《た》っていない時代に、これほど斬新な曲がフランスで生み出されたことは驚きです。とにかく第四楽章と第五楽章は、作曲中のベルリオーズが突如覚醒したのかと思うほどに前衛と狂気に満ちています。特にラストはまさに狂気の音楽です。

彼はこの曲で大成功を収め、また同じ頃に書いた別の曲によって、念願だった作曲コンクールで見事、賞を獲得し、一躍時代の寵児となりました。

愛と共に才能も燃え尽きたか

ところで、彼の恋の物語には後日談があります。

一八三二年、ハリエット・スミスソンはパリで開かれた「幻想交響曲」の演奏会に姿を見せました。実はこの時、彼女はベルリオーズのことは覚えておらず、「幻想交響曲」が自分を主題にしたものであるということも知りませんでした。しかし演奏会のプログラムに書かれた文章を見て、また多くの聴衆に注目されたことで、この曲のヒロインが自分であることを知りました。そして曲を聴き、涙を流すほどに感動したのです。

これを契機として二人は交際するようになり、何と翌年、とうとう結婚することになります。ベルリオーズが劇場ではじめてハリエットを見て恋に落ちて六年後のことでした。つまりベルリオーズは失恋体験を告白した交響曲を作ることによって、成功と恋を二つとも手に入れたというわけです。もっとも、この頃ハリエットは事故で重傷を負い、女優としても下り坂であったため、二人の立場は六年前とは逆だったとも言われています。

結局、結婚生活は長くは続かず、二人は七年後に別居します。破局の原因は言葉の問題が大きかったとも言われていますが（前述したようにハリエットはアイルランド人）、私はベルリオーズの性格にあったのではないかという気がしています。というのも、彼はあまりにもロマンチストで情熱的すぎたからです。

実はベルリオーズは二四歳の時にハリエットに振られたあと、マリー・モークという女性と恋をして婚約までしましたが、マリーはイタリア留学中のベルリオーズに、「母の勧《すす》めで別の男性と結婚する」という手紙を送りました。これを読んだベルリオーズは激怒しますが、この時、彼が取った行動は常軌を逸したものでした。何と彼は、マリーと彼女の母、そして彼女の結婚相手の男性を殺害しようと決意したのです。そして女に変装して三人をピストルで撃つという計画まで立て、女物の服まで買ってフランスに戻りましたが、国境を越えたところで我を取り戻し、きわどいところで犯行を思いとどまりました（以上は、自伝による）。

はっきり言って相当危ない男です。こんな男と暮らしていくのは大変です。ベルリオーズはハリエット・スミスソンという女性を愛したのではなく、彼女が演じるシェークスピアのヒロインを愛したのだとも言われています。いわゆる「恋に恋する」というやつで、相手を勝手に理想化してしまうというものです。ところが、結婚して一緒に暮らしてみると、ハリエットはベルリオーズが勝手に理想化した女神でも何でもなく、普通の女性であることに気づいて幻滅したというわけです。女性を理想化するというのは、十代の思春期には珍しくありませんが、ベルリオーズの場合は、三〇歳を超えてもそういうところが残っていたのかもしれません。しかし逆の見方をすれば、そういう異常に強い幻想を抱く人間だからこそ、歴史に残る芸術家になったとも言えます。

ただ不思議なことに、ベルリオーズは二十代でこれほどの作品を書きながら、その後はあまりぱっとしません。普通、クラシック音楽の作曲家というものは晩年になればなるほど名曲を残します。この法則はベルリオーズに限ってはあてはまらないのです。若き日の出世作が生涯のベストになってしまったのです。これ以後、彼は誇大妄想的な大曲をいくつも書いていますが、私は個人的には「幻想交響曲」に及ぶものはないと思っています。もしかしたらベルリオーズは失恋を創作のエネルギーとする作曲家だったのではないでしょうか。青春時代にハリエットに恋し、それが破れた時に、すさまじい創作エネルギーが心に舞い降りましたが、恋も成功も手に入れたあとは、若き日の情熱を再び取り戻すことはなかったのかもしれません。

ちなみにハリエットとベルリオーズはその後ついによりを戻すことはなく、別居して一四年後にハリエットは亡くなっています。当時、ベルリオーズはマリー・レシオという歌手と長らく同棲していましたが、妻の死には深い悲しみを覚えています。病気だった妻の治療費はベルリオーズが出し続けていました。ハリエットの死後、ベルリオーズはマリーと結婚しています。

現在、モンマルトルの墓地に、ベルリオーズは二人の妻と共に葬《ほうむ》られています。

羽目を外した怪演はいかが?

さて、「幻想交響曲」の名盤ですが、リッカルド・ムーティ指揮フィラデルフィア管弦楽団の演奏が素晴らしい。第四楽章「断頭台への行進」と第五楽章「魔女の夜宴の夢」の不気味さを味わいたければ、レオポルド・ストコフスキー指揮ニュー・フィルハーモニア管弦楽団が面白い。シャルル・ミュンシュ指揮パリ管弦楽団の演奏は古典的名演と呼ばれているものですが、二十一世紀の今聴いても十分に楽しめます。

ヘルベルト・フォン・カラヤン指揮ベルリン・フィルハーモニー管弦楽団（彼自身の三度目の録音、一九七四年）の演奏は、やはり見事。この録音で面白いのは、第五楽章で鳴らされる「弔いの鐘」が本物の教会の鐘の音を使っていることです。

羽目を外した怪演を聴いてみたいという人は、ゲンリジー・ロジェストヴェンスキー指揮レニングラード・フィルハーモニー管弦楽団の演奏はどうでしょう。暴れまわった演奏ですが、阿片を吸って狂気の幻想を見る音楽という観点からは、このとんでもない演奏も逆に理に適《かな》ったものかもしれません。

ブラームス「弦楽六重奏曲第一番」

愛する女性に捧《ささ》げた曲、その女性とは?

ベートーヴェンへのライバル心

ヨハネス・ブラームス（一八三三―九七）にとって常にベートーヴェンの存在が大きな壁になっていたというのはよく知られています。

ブラームスは二〇歳までに相当な数の曲を書いていましたが、厳しい自己批判によってすべて破棄されています（目録しか残っていない）。おそらく自分の作品をベートーヴェンの偉大な作品群と比較して、比べものにならない駄作と思ったのでしょう。しかしその中にはきっと名曲も数多くあったと思います。ブラームスほどの才能に溢《あふ》れた作曲家の十代の作品を、私たちが聴くことができないのは残念でなりません。もし、彼がもっと自信に満ちた作曲家なら、あるいはもっと凡庸な作曲家なら、多くの曲が残されていたに違いありません。

一般にクリエイターはただ「作るだけの人」と思われていますが、実は同時に「批評家」でもあります。これは芸術のジャンルを問いません。クリエイターにとって「批評家の目」を持つことは絶対条件です。自分の作品を作りながら、常にその作品を客観的な「批評家の目」で見つめ続けなければ、素晴らしい作品は生まれません。面白いことに幼《おさな》い子供の中にもこういう目を持っている子がいます。夢中で絵を描いていても、あるいは粘土《ねんど》で何かを作っていても、出来上がりに落胆してか、その作品をぐちゃぐちゃにしてしまう子がたまにいます。おそらく自分の中のイメージと現実の作品の乖離《かいり》に我慢がならないのでしょう。

二流小説家の私でも、途中まで書いたものの「何というひどい作品だ」と、破棄した作品がいくつかあります。こんなことを書くと、「これまで発表した作品はすべて満足のいく作品だとしたら、お前の中にある『批評家の目』もたいしたことがないな」と笑われるかもしれませんが、そのあたりはあまり厳しく突っ込まないでいただきたい。

前置きがすこし長くなりましたが、「愛の幻想」の二曲目は、ブラームスの「弦楽六重奏曲第一番」を紹介したいと思います。

ブラームスがベートーヴェンの音楽でもっとも意識したのは交響曲ですが、弦楽四重奏曲も彼にプレッシャーを与えたジャンルでした。というのはこのジャンルにおいてもベートーヴェンは多く傑作をものにしていたからです。そのためブラームスが最初の弦楽四重奏曲を発表したのは四〇歳の時でした（交響曲は四三歳の時）。一説には最初の弦楽四重奏曲を書く前に二〇曲を超える習作を書いたものの、すべてが破棄されたと言われています。

そんなわけで、ブラームスは弦楽四重奏曲の作曲は畏《おそ》れ多いということで、若い時には楽器編成を変えた室内楽をいくつも書いています。今回、紹介する「弦楽六重奏曲第一番」もそうした曲の一つです。弦楽四重奏曲はヴァイオリン二挺《ちょう》とヴィオラとチェロで編成されますが、ブラームスはそこにヴィオラとチェロを一挺ずつ加えた六重奏曲を書きました。これにより中音部と低音部の厚みが増し、弦楽四重奏曲にはない落ち着いた響《ひび》きの曲が生まれました。

アガーテか、クララか？

この曲はブラームスが二七歳の時に書かれました。

ブラームスと言うと、暗く地味なメロディーを書く玄人《くろうと》好みの作曲家というイメージが強いですが、これは中年から晩年の傑作群にそうした雰囲気を持つ曲が多いからだと思います。二十代の頃は若さ溢れるみずみずしい曲をいくつも書いています。あるいはシュトゥルムウントドラング（＝疾風怒濤《しっぷうどとう》：理性に対する感情の優越を訴えた文学の革新運動）を思わせる豪快な曲も書いています。

「弦楽六重奏曲第一番」はまさに「恋の音楽」です。そこには恋の喜びがあり、同時に恋の哀しさと感傷が満ちています。実はこの曲が書かれるすこし前にブラームスは失恋しています。相手は、アガーテ・フォン・シーボルトという大学教授の令嬢です。彼女は音楽家ではありませんでしたが、有名なヴァイオリニストのヨーゼフ・ヨアヒムが「アマティのヴァイオリン（ヴァイオリンの名器）にも似た」と言うほどの美声のソプラノでした。

ブラームスはたちまち彼女に夢中になり、彼女もまた才能に溢れた若い作曲家に惹《ひ》かれ、恋に落ちた二人はわずか二週間で婚約しました。しかしその直後、アガーテから一方的に婚約を破棄されています。ただ、その直前にブラームスは「結婚によって束縛されたくない」という手紙を送っていることから、あるいはアガーテの怒りを買ったのかもしれません。だからこの恋はどちらが振ったのかよくわからないところがあります。

実はこの恋の顚末《てんまつ》の裏には、ブラームスの複雑な恋愛事情があったのではないかと私は見ています。それはクララ・シューマンの存在です。

ブラームスより一四歳年上のクララは九歳の時にモーツァルトのピアノ協奏曲を公開で弾《ひ》いて世間を驚かせたほどの天才少女ピアニストでした（旧姓ヴィーク）。作曲の才能にも恵まれていましたが、当時は女性作曲家は認められず、ピアニストとして生きることを選びました。二〇歳の時に九歳上の作曲家ロベルト・シューマンと結婚しています。

ブラームスを最初に認めてくれたのはシューマンです。ブラームスがシューマン夫妻と出会ったのは二〇歳の時、クララは三四歳でした。天才ピアニストでもあり、年上の女性の魅力を持ったクララに、ブラームスは恋心を抱きました。翌年、シューマンが精神科病院に入院後、二人は急速に接近しますが、二人に肉体関係があったかどうかは不明です。

ただ、ブラームスが二一歳の時から、手紙の文章はそれまでの「Ｓｉｅ（あなた）」から非常に親しい呼びかけである「Ｄｕ（お前）」に変わっていること、また翌年の手紙には、「親愛なるクララ」から「私のクララ」という書き方に変わっていることから、二人は男女の関係があったと見る音楽学者も少なくありません。

しかしシューマンの死後（ブラームスが二三歳）、二人は距離を置くようになります。理由はわかりません。当時、ブラームスとクララの仲が一部で噂されるようになっていたから、二人は大人の選択をしたのかもしれません。ブラームスにとって恩人であるシューマンが死んだ途端に、その未亡人と一緒になるということは、社会的な非難を受けると判断したのかもしれません。あるいはそんな事情とは別に、単に男と女のすれ違いかもしれません。この時、それまでに交《か》わされた手紙の多くは破棄されましたが、音楽史的に見れば残念なことです。

ブラームスがアガーテと出会ったのはその頃でした。二五歳のブラームスはクララを忘れたいために、新しい恋をしようとした可能性もあります。しかしいざ婚約してしまうと、結婚すれば永久にクララを失うという思いになったのかもしれません。アガーテに謎の手紙を送った理由もそう考えると納得できます。もっともこれは私の想像にすぎません。なおまったくの余談ですが、アガーテは「シーボルト事件」で有名なフィリップ・フォン・シーボルトの従兄弟《いとこ》の子にあたります。

世間的には、彼の二つの弦楽六重奏曲（「第一番」「第二番」）はアガーテとの失恋を癒《いや》すために作った曲と言われています。特に「第二番」には「アガーテ音型」と呼ばれるメロディーがあるためにそう考えられています。これは「ラ―ソ―ラ―シ―ミ」という音ですが、ドイツ語にすると、「A―G―A―H―E」となることから、ブラームスが彼女の思い出を忍ばせたとされています。また彼自身が「この曲で、最後の恋から解放された」と語ったという話があります。

しかし私はその説には賛同していません。そもそも「第二番」はアガーテとの婚約破棄から七年も経ってから作曲されているし、アガーテ音型（AGAHE）にしても「T」が抜けています。また彼の「恋から解放された云々《うんぬん》」の証言は出所不明の伝聞です。おそらく、のちの伝記作者が面白おかしく作った話だろうと思います。第一、その七年の間に彼は何度か恋をしています。だから、むしろアガーテとの失恋の想いを曲にしたというなら、婚約破棄の記憶が生々《なまなま》しい時に作られた「第一番」でしょう。

しかし私はそれもアガーテとの恋を描いた曲ではないと思っています。そう、この曲の中にあるのは、実はクララへの思慕ではないかと。

一時は身を引いた恋、そしてそれを振り切ろうと新たな恋をしてみたが、やはり忘れられない女性――。しかし婚約を破棄して、再びクララの元に戻っても、当時の世間のモラルからは、二人は一緒になることは許されない。そんな悲しみの陰に、アガーテへの未練もある。二つの恋の狭間《はざま》で揺れ動く心。しかしそのどちらの恋も永遠に成就《じょうじゅ》することはない――そんな切《せつ》ない想いが、「弦楽六重奏曲第一番」を聴くと感じられてならないのです。

曲は四楽章で構成されています。

第一楽章は静かでゆったりとした響きで始まります。まるで遠い昔を回想するような落ち着いた曲です。構成もしっかりした充実した音楽です。

第二楽章の変奏曲は全曲の白眉です。ニ短調で奏《そう》されるこの主題は言葉にできないくらいの切なさで迫ってきます。センチメンタルと言えば最高にセンチメンタルですが、これはもうロマンティックの極致《きょくち》です。その美しさは耽美的とも言えるほどです。クラシック音楽にまったく興味がない人でも、このメロディーを一度聴けば、たちまち心を奪われるでしょう。

古典形式にこだわり、ロマン派の美しいメロディーというものをあえて書かなかったブラームスが、ここではなりふりかまわずうっとりするような旋律に身を任《まか》せています。まさに愛に溺《おぼ》れたような音楽です。私がこの曲を「愛の幻想」の音楽と思うのは、この第二楽章のゆえです。

第一変奏は主題から大きく外れません。まるでこの美しさを手放したくないようにも聴こえます。しかし第二変奏以降、音楽は劇的に変化していきます。それはまるで万華鏡が姿を変えるようです。途中、長調に変化しますが、最後に再び二短調に戻り、ゆっくりと消えるように終わります。

ブラームスはこの曲を書いたあと、第二楽章の変奏曲の部分をピアノ独奏曲に編曲して、クララに贈っています。それを見ても、彼のこの曲に対する思いの深さが窺《うかが》えます。

第三楽章は一転して長調のスケルツォ（三拍子の諧謔曲《かいぎゃくきょく》）です。第四楽章のロンドは聴く者に不思議な印象を与えます。私には、明るく笑いながら心の中では悲しみを引きずっているような音楽に聴こえます。

ブラームスとクララはその後、再び親交を深め、それは彼女の死まで続きます。ブラームスは生涯で何度か恋をしますが、ついに一度も結婚には至りませんでした。もしかしたら、それはクララに対しての誠意と貞節であったのかもしれません。

ブラームスの情念を引き出した名演奏

ヴィーン・コンツェルトハウス弦楽四重奏団他の演奏はモノラル録音ですが、古き良きヴィーンの香りを思わせる典雅な演奏です。ベルリン・フィルハーモニー八重奏団の演奏は、世界最高峰のオーケストラのプレーヤーたちだけに、テクニックが見事です。もちろん音楽的にも非の打ち所がありません。アルバン・ベルク四重奏団とアマデウス・アンサンブルのメンバーが組んだ演奏も素晴らしい。

不世出のチェリスト、パブロ・カザルスが盟友のアイザック・スターン（ヴァイオリン）やアレクサンダー・シュナイダー（ヴァイオリン）たちと組んだ演奏は、ブラームスの情念を大きく引き出した感動的な演奏です。

本文で紹介した第二楽章のピアノ独奏もぜひ聴いてもらいたいと思います。ピアノで奏でるメロディーも実に深い味わいがあります。アルフレート・ブレンデル、イモージェン・クーパー、フリードリヒ・ヴィルヘルム・シュヌアーの演奏が素晴らしい。

チャイコフスキー「白鳥の湖」

「通《つう》」から軽く見られるが、まぎれもない名曲

自殺未遂をした頃に作曲

日本人が一番好きなクラシック音楽の作曲家はピョートル・イリイチ・チャイコフスキー（一八四〇―一九三）だとよく言われます。実際のところはどうか知りませんが、わが国でチャイコフスキーの人気が高いのは間違いありません。「交響曲第五番」「交響曲第六番《悲愴》」「ピアノ協奏曲第一番」「ヴァイオリン協奏曲」などは、コンサートでも高い人気を誇っています。

いっぽうでクラシック音楽の「通」を自任する人たちからは、長らくチャイコフスキーは一段低く見られるところがあったように思います。クラシック音楽後進国のロシアの作

曲家であることや、演歌を思わせる節回《ふしまわ》し、甘いセンチメンタリズム、バーバリズム（野蛮）とも言える剝き出しの迫力などが、俗っぽく見られていたのかもしれません。余談になりますが「クラシック通」という存在は始末に負えないところがあります。彼らは多くの人々が愛する通俗名曲を馬鹿にして、（自分だけが理解していると思い込んでいる）マイナーな曲を愛する（ことを吹聴する）傾向があります。もしこの本を読んでいただいている読者の中に、クラシック音楽初心者の方がいらっしゃれば、そんな「通」の言葉に惑《まど》わされる必要はありませんと言いたいです。クラシック音楽の本当の傑作は、実は有名曲の中に圧倒的に多いのです。

チャイコフスキーはロシア以外の欧米諸国でも人気があります。過去や現在の多くの名指揮者が、彼の音楽を積極的にレパートリーに入れていることからも明らかです。彼の音楽はドイツ音楽のような厳《いか》つさはなく、フランス音楽のようなぼやけた感じもありません。美しいメロディーは取っつきやすく、それでいて骨太でスケールが大きい。料理に喩《たと》えると、とろけるようなステーキに濃厚なソースをかけたような音楽と言えるでしょうか。そしてその味つけは万人向けです。そのあたりも「通」から軽く見られたところかもしれません。

チャイコフスキーは非常に心優しい人であったと伝えられています。小さな動物を愛し、また不幸な人や悲しんでいる人を見ると、ほうってはおけなかったと言われていま す。そしておそらくは同性愛者でした。彼の音楽の繊細すぎる一面はもしかするとそういうことがあったのかもしれません。しかしいっぽうで驚くほどに野卑《やひ》な一面もあります。それがチャイコフスキーの魅力の一つですが、私には彼の屈折した人間性が垣間《かいま》見えるような気がします。彼の突然の死は同性愛者であったことを暴露されることを恐れての自殺と言われていたこともありましたが（当時のヨーロッパでは同性愛は大きなタブーだった)、現在ではコレラによる急死が定説となっています。

「愛の幻想」の三曲目として、私が彼の音楽の中でもっとも好きな「白鳥の湖」を紹介します。

この曲はポピュラーミュージックと言えるほど有名な曲で、「白鳥のテーマ」を聴けば、誰でも「ああ、この曲か」と思うに違いありません。この曲をチャイコフスキーの代表作に取り上げるとは、百田尚樹の鑑賞眼もたいしたことはないなと思われる読者がいるかもしれませんが、まったく気にしません。私は実はチャイコフスキーの最高傑作ではないかと密《ひそ》かに思っているほどです。というのは、「白鳥の湖」には彼の音楽の魅力がすべて含まれているからです。この曲が書かれた三六歳の時、彼は結婚生活の失敗や私生活で悩みを抱え、モスクワ川に身を投げて自殺を試みたほど精神的に追い詰められた時期でもありました。それほど辛《つら》い時期にこれほどの傑作を書いたというのがすごい。

チャイコフスキーは確かに素晴らしい交響曲や協奏曲をいくつも書きました。それらが最良のドイツ音楽に匹敵するくらいの名曲であるのは論を俟《ま》ちません。ただ、こんなことを言えば世のチャイコフスキーファンからお叱りを受けるかもしれませんが、私はそれらの曲は純度一〇〇%のチャイコフスキーではないような気がしています。というのは彼が敬愛するドイツ音楽(ベートーヴェンからブラームスに至る伝統的交響曲や協奏曲)の規範(あるいは形式)に合わせて作ったような気がするからです。それは本来チャイコフスキーが持っていた破天荒《はてんこう》な才能を抑えるようなものだったのではないかとも思っています。

前述のようにチャイコフスキーは文化の中心であったヨーロッパから遠く離れたロシアの地で音楽教育を受けました。当時は地理的な距離の差はそのまま文化の差に表れます。しかも彼が本格的に音楽教育を受けたのは二二歳の時です。サンクトペテルブルクに音楽院が創立された時、法務省の役人の地位を捨て、音楽院に入学しています。これはクラシック音楽の作曲家としては異例のキャリアです。また音楽家としてのスタートがきわめて遅い。ただ幼い時から音楽的な才能はあったとは伝えられています。

愛のフルコースのような豪華な音楽

「白鳥の湖」はバレエの伴奏音楽として作曲されました。このバレエのあらすじを簡単に紹介しましょう。

舞台は中世のドイツ、王子ジークフリートはある夜、森の中の湖で美しい白鳥に出会います。その白鳥は悪魔ロットバルトの呪いによって白鳥の姿に変えられてしまったオデット姫でした。その呪いはオデットに永遠の愛を誓《ちか》う男性が現れた時に解けます。ジークフリートはオデットを愛しますが、ロットバルトの陥穽《かんせい》によって、オデットに化けた彼の娘オディールに求愛し、オデットとの誓いを破ります。騙《だま》されたと知ったジークフリートは湖でオデットに許しを請《こ》うのですが、呪いは解けません。ジークフリートはロットバルトと戦いますが、逆に湖に沈められます。それを見たオデットは王子を追って湖に身を投げ、二人は天上で結ばれます（ただし、このラストはのちに改訂される）。物語自体はお伽《とぎ》話《ばなし》のような古いロマンチシズムに満ちたストーリーですが、全編を通じて「愛の幻想」が音楽になっています。

全四幕からなるこのバレエにつけられた音楽は、そのどれもが最高に素晴らしいものです。有名な「白鳥のテーマ」が現れるのは第一幕のフィナーレです。形を変えて何度も登場するこの悲劇的なメロディーは、そのたびに胸が締めつけられるような哀しさで迫ってきます。しかし舞曲《ぶきょく》では優雅で楽しい曲が何曲も出てきます。第一幕の「ワルツ」、第二幕の「白鳥たちの踊り」、第三幕の「ハンガリア舞曲」「ロシア舞曲」「スペイン舞曲」など、どれも心が浮き立つような音楽です。他にも曲のシーンによって、幻想的な雰囲気たっぷりの曲、ロマンティックな曲、劇的で激しい曲など、本当にさまざまな魅力ある曲が次々に現れます。まさに愛のフルコースのような豪華な音楽です。

全曲どこを取っても美しいですが、白眉は第四幕のフィナーレです。「白鳥のテーマ」が緊迫したリズムを打ち、音楽が風雲急を告げます。そして悲劇に向かって進み、もっとも盛り上がったところで同じテーマが悲劇的に奏されます――ついに悪魔の呪いに勝つことができなかったのです。しかし次の瞬間、「白鳥のテーマ」は長調に転じ、二人の魂《たましい》が結ばれたことを教えてくれます。この効果は見事です。ハープと弦のトレモロ（同一音を小刻《こきざ》みに震《ふる》えるように弾く奏法）が天上に昇っていく二人の姿を表現しています。このコーダ（終結部）の美しさは言葉にできないほどです。そして音楽は高らかに不滅の愛を謳《うた》い上げて劇的に終わります。フィナーレはわずか数分の曲ですが、チャイコフスキーの最高のエッセンスが詰まっている傑作だと思います。

そもそもはバレエ音楽なので、正しくはバレエを鑑賞しながら聴くのが本来の形なのでしょうが、私は音楽だけでも十分楽しめると思っています。いや、これは「白鳥の湖」という交響詩であるとさえ思っています。交響詩というのはリストが作った音楽形式で、物語の情景登場や人物の心情などを管弦楽曲で紡《つむ》いでいくものです。これはのちにリヒャルト・シュトラウスが大きく発展させて、クラシック音楽の一大ジャンルとなりましたが、私は「白鳥の湖」も交響詩の一つとして捉《とら》えています。ただしリストやリヒャルト・シュトラウスのような統一感を持った完成度はありません。しかしそれがいい。

チャイコフスキーは交響曲や協奏曲を作曲する時は、形式に合わせて厳格なスタイルで書くことが多かったですが（それでも、彼はしばしば羽目を外してはいるのだが）、バレエ音楽ではそうした制約から逃《のが》れ、やりたいことをすべてやっている感じがします。すなわち、彼が本来持っている旋律の美しさ、ロシア的な匂い、形式にこだわらない自由さをふんだんに出しています。そのため物語の変化によって音楽も千変万化し、まるで万華鏡のようにさまざまな魅力を見せます。

ところで、今日《こんにち》あらゆるバレエの中で圧倒的な人気を誇る「白鳥の湖」ですが、初演はプリマ・バレリーナや演奏の問題もあり、散々な不評に終わります。その後、何度か上演が試みられたものの、結局、観客からは受け入れられず、チャイコフスキーの生前はほとんど上演されることがありませんでした。そしていつのまにか曲そのものも忘れられました。

チャイコフスキーが亡くなった二年後、有名なバレエ振付師であったマリウス・プティパが残された総譜《そうふ》を検討し、改訂を加えて彼自身の振付でチャイコフスキーの追悼公演として一七年ぶりに上演しました。この公演は大成功し、「白鳥の湖」は傑作と認められました。今日、上演されるのは多くの場合、この改訂版ですが、それ以外の版でも演奏されます。そしてこの曲により、ロシアバレエは世界最高の人気と規模を誇るまでになったのです。今でも「白鳥の湖」はクラシックバレエでもっとも人気のある演目です。

ところで現在、「白鳥の湖」が上演される時は、ラストにおいて王子ジークフリートが悪魔ロットバルトを倒して彼の呪いを解いて終わるというものが多いです。実はこのハッピーエンドのラストは戦後、ソ連で改訂されたものです。どちらがいいのかは好みの問題ですが、私はチャイコフスキーの終曲を聴く限り、オリジナルのラストのほうがしっくりきます。なぜなら二人の魂が結ばれて、天上に昇っていく光景が見える気がするからです。またとってつけたようなハッピーエンドは、全曲を通じて支配する悲劇的な音楽と矛《む》盾《じゅん》するような気がします。

全曲盤とハイライト盤

さて、お薦《すす》めのCDですが、全曲盤では小澤征爾《おざわせいじ》指揮ボストン交響楽団、アンドレ・プレヴィン指揮ロンドン交響楽団、ヴォルフガング・サヴァリッシュ指揮フィラデルフィア管弦楽団の演奏がいい。三つとも豪華絢爛《ごうかけんらん》、「白鳥の湖」の魅力を思う存分伝えています。ただし全曲盤の難点はCD二枚組となり、二時間以上かかることです。

それはすこし長すぎるという人にはハイライト盤を薦めます。特に人気の高い何曲かを抜粋したもので、市販されているCDではむしろこちらのほうが圧倒的に多い。ハイライト盤の場合、チャイコフスキーの三大バレエ音楽の残りの二つ「眠れる森の美女」「くるみ割り人形」のこれまたハイライト盤と組み合わされていることが多いので、お得感もあります。実を言えば、私自身も「白鳥の湖」を気軽に聴く時はハイライト盤を手に取ることが多いです。

ヘルベルト・フォン・カラヤン指揮ヴィーン・フィルハーモニー管弦楽団が見事な演奏です。本当にこの指揮者は何を振らせても上手《うま》い。シャルル・デュトワ指揮モントリオール交響楽団の演奏は迫力満点です。ジェームズ・レヴァイン指揮ヴィーン・フィルハーモニー管弦楽団の演奏もいい。

私のお気に入りはアナトール・フィストラーリ指揮ロンドン交響楽団の演奏です。古いモノフル録音ですが、私がはじめて聴いた「白鳥の湖」で、今も愛着があります。

ショパン「ピアノ協奏曲第一番」

齢《よわい》を重ねて、この曲の良さがわかった

青春の愛

フレデリック・フランソワ・ショパン（一八一〇—四九。生年は一八〇九年説もあり）はピアノ曲の作曲家として知られています。彼の書いた曲のすべてがピアノを含む曲で、しかもそのほとんどがピアノ独奏曲です。オペラや管弦楽曲や弦楽四重奏曲などはいっさいありません。その意味では一九世紀に登場したクラシック音楽の作曲家の中で異質なタイプです。すこし前のハイドン、モーツァルト、ベートーヴェンなどはあらゆるジャンルの音楽を書いていますし、ショパンと同時代のメンデルスゾーンやシューマンやリストなども同じです。

ハイドンやモーツァルトの時代は、作曲家は一種の音楽職人で、貴族に求められるままにどんな曲でも書かなければならなかったという事情がありました。ベートーヴェンはこの二人とはすこし違っていて、自分の理想とする音楽を求めてあらゆるジャンルを開拓しました。楽器によって表現できる音楽が異なるからです。ベートーヴェン以降の作曲家たちは、多かれ少なかれベートーヴェンの音楽を目標にした一面があります。

ところがショパンにはそうした志向はありませんでした。どうやら彼は先達のような作曲家になろうとはあまり思っていなかったような節《ふし》があります。当時、作曲家としてもっとも評価される交響曲やオペラには見向きもしなかったからです。

ショパンが生涯にわたって愛したのはピアノです。彼は演奏家としても著名でしたが、その生涯を眺めると、コンサートで賞賛を浴びたいという欲求もあまりなかったように見えます。健康上の理由もあったかもしれませんが（三九歳で肺結核により亡くなっている）、ほとんど演奏旅行には出かけなかったし、大きなホールで演奏することも好みませんでした（一説には彼のピアノの音は小さかったとも言われている）。彼は自宅や小さなサロンなどで少人数相手に演奏するのを好みました。ショパンの一歳年下でピアノの名手として知られるリストとは正反対でした（リストはヨーロッパ各地を回り、常に大きなホールで聴衆の喝采《かっさい》を浴びた)。

もしかしたらショパンは人前で演奏するよりも自分のために演奏したかったのではないでしょうか。というのもショパンのピアノ曲を聴いていると、まるで彼がピアノで呟《つぶや》いているようにも聴こえるからです。彼のピアノ曲はすべてピアノで綴った日記かもしれません。実際、彼の曲は《英雄ポロネーズ》とも呼ばれる「ポロネーズ第六番《英雄》」や「一二の練習曲」のいくつかの曲は別にして、演奏効果を狙《ねら》った派手な曲よりも内省的な曲のほうが多い(「ポロネーズ」とはフランス語で「ポーランド風」の意であり、ポーランドの舞曲を指す)。

ただ、そんなショパンも十代の頃はもっと普遍的な作曲家を目指していたように思えます。というのは、二〇歳の時に二曲のピアノ協奏曲を書いているからです。そしてその二曲ともまさしく「愛の幻想」と呼ぶべき協奏曲です。今回は、その「ピアノ協奏曲第一番 ホ短調」を紹介しましょう。

実は私はショパンの熱烈なファンではありません。ポロネーズやスケルツォやソナタやエチュード(練習曲)には好きな曲もありますが、すべてがお気に入りというわけではありません。ワルツ、マズルカ(ポーランドの舞曲)、ノクターン(夜想曲)、バラードなどは好きな曲のほうが少ないくらいです。「ピアノ協奏曲第一番」も長い間あまり好きな曲ではありませんでした。何とも甘ったるく、ただセンチメンタルなだけの曲にしか思えなかったからです。ところが不思議なことに、大人になってから、この曲がどんどん好きになっていきました。

音楽に限らず文学でもそうですが、年齢を重ねると好みが変わるということがあります。若い頃に大感動した小説や映画を大人になって鑑賞し直すと、それほどでもないなと思うことは珍しくありません。それはある意味がっかりする瞬間でもありますが、大事なことでもあると考えています。というのは自分が成長した証《あかし》の発見でもあるからです。もちろん単に嗜好《しこう》が変わっただけということもあるし、若い時のみずみずしい感性を失ったせいであるかもしれません。それらを認めた上で、私は若い頃に接した小説や映画は必ずのちにもう一度鑑賞するようにしています。その結果として、少なくない作品の評価は落ちることもありますが、中には感動がすこしも色褪《あ》せない作品を見出すこともあります。どうでもいい話ですが、私はそれらの作品（小説、ノンフィクション、映画のＤＶＤなど）を「殿堂入り」と称して、本棚の特別なコーナーに並べています。

ところが若い頃はいいと思わなかったのに、大人になって鑑賞し直すと、深い感動を与えられたというケースもあります。この発見（と言ってもいいのか）は実に刺激的であると同時に嬉しいことでもあります。私にとってショパンの「ピアノ協奏曲第一番」はその一つなのです。

さきほど私はこの曲のことを、若い頃は「何とも甘ったるく、ただセンチメンタルなだけの曲にしか思えなかった」と書きましたが、大人になってから、若い頃には聴こえなかったものが聴こえるようになりました。いや、同じ音を聴いているわけだから、その表現は正しくありません。正しくは「若い頃には感じなかったものを感じるようになった」と言うべきかもしれません。

この曲を聴くと、青春の悲しみのようなものを感じます。はるか遠くに過ぎ去ってしまった若き時代、もう永久に戻らない日々——そうした懐《なつ》かしくも悲しい青春の思い出のようなものが、この曲を聴くたびに胸に迫ってくるのです。もちろん、これは私の完全な主観ですから、読者の皆さんに同じ感想を強制するものではありません。

音楽はどう受け取っても聴く者の自由です。文学は作者の思想や考えが文字によって描かれますが、歌詞のない器楽曲にはそれは不可能です。だからこそ、音楽を聴く喜びは、そうした抽象世界のイマジネーションを広げることになるのではないかと思います。

また音楽は理性ではなく感情に訴えるものです。音楽によって揺り動かされるのは、心に深く眠っている「想い」です。音楽によって感動する喜びはそこにあると思っています。

ショパンは私が感じるような思いで曲を書いたわけではないかもしれません。ショパンは同時代のシューマンやリストのように、自作曲には標題をつけませんでした。音楽に文学性などを盛り込もうとはしませんでしたし、映像的なものを表現しようともしませんでした。ただ、ひたすら音の世界を追求した作曲家でした。

切なさで胸が締めつけられる

第一楽章は劇的に始まります。冒頭、ピアノは登場せずにオーケストラだけによって演奏されますが、これは当時の典型的なスタイルで、後年は独創的なスタイルで作曲するショパンも二〇歳の時は慣例に従ったものと思われます。しかしオーケストラだけで奏されるとはいえ、そのメロディーはすでにショパンのものです。第一主題はマズルカ風であり、第二主題はポロネーズ風です。

昔からこの曲のオーケストレーション（管弦楽編曲）は貧弱だと言われています。確かにベートーヴェンやブラームスの協奏曲に比べるとオーケストラ部分は弱い気もしますが、私はモーツァルトやハイドンの協奏曲と比べてけっして貧弱とは思いません。

実はこの曲の自筆譜はほとんど残っていません。最近の研究によれば、オーケストラ部分は出版社が複数の編曲家に書かせた可能性が高いと言います。確かにショパンがその後ほとんど管弦楽曲を書かなかったことから、その説はありえるかもしれないという気がします。しかし他人の手が入っているといっても曲の感動が落ちるわけではありません。

オーケストラだけの提示部が終わると、ピアノが登場しますが、このピアノの音色を何と表現すればいいのでしょう。もうため息が出るほどに美しい。そしてここから曲は一気に深みを増します。ショパン独特の激しくもエモーショナルなピアノが縦横に駆け巡ります。この楽章は二〇分近くにもなる長大なもので、ここにはショパンのすべてがあると言っても過言ではありません。そして展開部では何度も言うように、過ぎ去った青春を懐かしむような悲しみに満ちた旋律が奏されます。そしてコーダではショパンのピアノ技巧がふんだんに投入され、劇的に幕を閉じます。

第二楽章は緩徐《かんじょ》楽章（ゆるやかで静かな楽章）です。ロマンティックなメロディーがゆったりと流れていきます。ここで奏されるピアノの何という切なさ、儚《はかな》さ、悲しさ

――。実はショパンがこの曲を書いたのは、恋人であったコンスタンツィア・グワドコフスカと破局した直後（二人は一時婚約していた）であることから、この楽章には失った恋人への想いが綴られているとも言われています。私にはそこまでは聴き取れませんが、この楽章を聴くと、切なさで胸が締めつけられるような気持ちになります。

第三楽章は前の二つの楽章とは違って華やかなロンド形式です。ピアノの技巧がふんだんに用いられていて、聴いていても楽しい曲ですが、私は個人的には前の二つの楽章との雰囲気が違いすぎる気がします。とはいえ、この楽章も素晴らしいと思います。

ところでこの曲は「ピアノ協奏曲第一番」となっていますが、実は二番目に作曲されました。そうしたこともあってか、現在はポーランドのショパン・ナショナル・エディション財団によるショパン全集「ナショナル・エディション」では番号はつけられていません。

五年に一度ポーランドで開催されるショパン国際ピアノコンクールの課題曲はすべてショパンの曲で、最終審査は二曲のピアノ協奏曲（「第一番」「第二番」）のどちらかを弾くことを義務づけられていますが、なぜか出場者のほとんどが「第一番」を弾きます。しかし「第二番」も非常に素敵な曲です。私はこの曲にも「帰らない青春の日々」を聴きます。

ついでながら言うと、私がショパンの曲で同じ感情を想起させられるのは、「スケルツォ第二番」の中間部です。

余談ですが、ポーランド生まれのショパンはのちにフランス市民となったので名前もフランス風に呼ばれていますが、ポーランド風に言えば「フルィデールィク・フランチーシエク・ショペーン」となります。

ブーニンの全盛期を堪能できる名盤

この曲はショパンの代表作であるだけに名盤が目白押しですが、今回はあえてショパン国際ピアノコンクール優勝者のCDを取り上げてみようと思います。ショパンの生地《せいち》ポーランドで五年に一度開かれる同コンクールは、世界最高峰のピアノコンクールですが、前述したように課題曲はすべてショパンです。つまりこのコンクールの優勝者は第一級のショパン演奏家と言えます。

一九六五年優勝のマルタ・アルゲリッチがクラウディオ・アバド指揮ロンドン交響楽団のバックで弾いた演奏は見事の一語。煌《きら》めくようなピアノで表現される悲しみも十分です。彼女が同コンクールの最終審査で弾いた演奏（ライブ）も名演です。まさに一期一会《いちごいちえ》の切なさを感じさせます。

一九六〇年優勝のマウリツィオ・ポリーニや一九八〇年優勝のダン・タイ・ソンの演奏もいいですが、一九歳のスタニスラフ・ブーニンが一九八五年の同コンクールで弾いた演奏はキレがあり、彼の全盛期の凄さを堪能できます。

一九七五年優勝のクリスティアン・ツィメルマンが自《みずか》らポーランド祝祭管弦楽団を指揮してピアノを弾いたものが実に素晴らしい。ツィメルマンはこの曲を演奏するためだけにポーランド中から楽団員を集めてオーケストラを組織し、何ヵ月もリハーサルをしてレコーディングに臨《のぞ》みました。それだけに、ピアノもオーケストラも完璧と言えるほどの演奏になっています。

リヒャルト・シュトラウス「ばらの騎士」

二〇世紀を代表する擬古典オペラ

一九世紀末に現れた二人の巨人

ドイツ音楽は一八世紀後半からハイドン、モーツァルト、ベートーヴェンという偉大な作曲家を生み出し、一九世紀に入ってからもシューベルト、シューマン、リスト、ヴァーグナー、ブルックナー、ブラームスという天才たちが次々に登場しました。この一〇〇年こそはまさしくドイツ音楽、いやクラシック音楽の最盛期と言えます。

しかし一九世紀後半にはクラシック音楽は次第に衰退を始めます。その理由は一つではありません。社会制度、経済体制、それに人々の生活様式が変わったことなどが複合的に絡《から》み合った結果であると思いますが、音楽的な見方をすれば、私は無調《むちょう》（ハ長調、ト短調などの調性《ちょうせい》がないこと）や十二音技法（ドデカフォニー）などへとつながる「新しい音楽」が聴衆に理解されにくくなったのが大きいのではないかと思っています。十二音技法というのは乱暴に説明すれば、オクターブの中の十二の音を同列に扱い、調性がつかない配列に並べたものです。音楽家ではない一般の人々にとってはメロディーと聴こえないような音楽です。そんなわけでクラシック音楽は徐々に人々の好みから離れていきます。

そんな衰退期とも言える世紀末のドイツ音楽界に二人の巨人が現れました。一人はグスタフ・マーラー（一八六〇―一九一一）、もう一人はリヒャルト・シュトラウス（一八六四―一九四九）です。ちなみに、ワルツで有名なヨハン・シュトラウス二世は別人で、クラシック音楽界では区別するために「R・シュトラウス」と表記することが多いのですが、ここでは単にシュトラウスと書きます。

マーラーとシュトラウスは生き方も性格も音楽もまったく対照的でした。常に真摯《しんし》に人生と向き合い、「生《せい》とは何か、死とは何か？」と煩悶《はんもん》し、激情的で他人と衝突することを恐れず、生涯にわたって神経症に悩まされるという苦悩の人生を送ったマーラーに対して、シュトラウスは享楽的で、お金が大好きで、世渡りが上手でした。

二人とも当時を代表する指揮者でしたが、全身を使って激しい指揮をするマーラーに対して、シュトラウスは指揮する時も常に左手をポケットに入れたままで、指揮棒を持った右手も必要最小限しか動かしませんでした。「ギャラを二倍にしてくれるなら両手で指揮をしてもいいよ」と言ったという逸話も残されていますが、いかにも金と皮肉が大好きなシュトラウスらしいセリフです。

作る音楽もまるで違います。マーラーは作曲の多くを交響曲に費《つい》やしました。どの曲もやや誇大妄想的とはいえ、深刻で真摯な響きに満ちています。しかしシュトラウスは交響曲ではなく、標題音楽と言える交響詩を書きました。今まさに死に行く人の最期《さいご》の瞬間を描いた「死と変容」、中世ドイツの伝説的ないたずら者が悪いことばかりする様を描いた「ティル・オイレンシュピーゲルの愉快ないたずら」、理想の女性を求めてさすらう女たらしを描いた「ドン・ファン」など、こうして列挙していても、はたして真面目《まじめ》に作曲しているのかと言いたくなってきます。実は交響曲を二曲書いていますが（「家庭交響曲」「アルプス交響曲」）、これも実質的には交響詩です。

妻との関係においても、若くて美人で知的な妻の不倫に悩まされ続けたマーラー（夫よりも一九歳年下だった）と、口やかましい妻に生涯尻に敷かれっぱなしだったシュトラウスは対照的です。

余談ですが、マーラーの妻アルマは夫の死後、彼の伝記を書いていますが、その内容は独善的で自分に都合よく書かれ、しかも真実かどうかもわかりません。アルマの本を読む限り、彼女はかなり自己顕示欲と自意識が強い女性であることが窺えます。

厄介《やっかい》なのは、マーラーの手紙の多くが、アルマの本に掲載されていることです。「シュトラウスがあたりに発散するあの雰囲気は、まったく興ざめです――（中略）彼の時代は終わり、私の時代が来るのです」（アルマ・マーラー著、酒田健一訳『マーラーの思い出』白水社）もその一つですが、私はシュトラウスを好きでなかったアルマの創作である可能性を疑っています。ただ、オペラ指揮者として有名だったマーラー（彼はヴィーン国立歌劇場の音楽監督でもあった）が、次々に自作のオペラをヒットさせていたシュトラウスをどんな思いで見ていたのかを想像すると（マーラーは何度かオペラに挑戦しているが、ついに一曲も完成させなかった）、あるいはマーラーの本音かもしれないという気もします。

ベッドシーンから始まる曲

前置きがずいぶん長くなりましたが、「愛の幻想」ということで、シュトラウスのオペラ「ばらの騎士」を紹介します。これは彼の四六歳の時の作品です（初演は一九一一年）。

シュトラウスは四一歳の時にオペラ「サロメ」を書き、これは当時センセーションを巻き起こしました。イエス・キリストに洗礼を施《ほどこ》した預言者（神の言葉を司《つかさど》る者）ヨハネ（十二使徒のヨハネとは別人）の首を妖艶な少女サロメが欲するという猟奇的な内容もさることながら、劇中にサロメが次々と衣装を脱いで踊るというエロティックなシーン（「七つのヴェールの踊り」として有名）などがあり、ヴィーンをはじめ上演禁止になった劇場は少なくありませんでした。音楽は非常に前衛的で、今日でも高く評価されています。次に書いたオペラは同名のギリシャ悲劇をもとにした「エレクトラ」ですが、ここでシュトラウスはさらに前衛的な音楽を書き、ほとんど無調音楽に近いところまで突き進んでいます。この二作により、シュトラウスのオペラ作曲家としての地位は確立されました。この二つとも私の大好きなオペラです。

ところが、その二年後に発表した「ばらの騎士」は、一転して擬古典主義とも言える書法で作っています。そのために、批評家や作曲家たちからは「時代遅れ」「大衆迎合」などと批判されました。しかし一般の聴衆には広く受け入れられ、ヨーロッパの各劇場で大ヒットしました。現代でも世界の主要オペラ劇場の人気演目の一つであり、二〇世紀の代表的なオペラと言われています。

私はさきほど「擬古典」と言いましたが、これはおそらくシュトラウスが意図的に行なっています。というのは、音楽的には「モーツァルト・オペラ」を目指したものだからです。ここでは「サロメ」や「エレクトラ」で使った前衛的手法を抑え、非常にわかりやすい(というのは若干語弊《じゃっかん》があるが)メロディーと和声で進行します。これは明らかにモーツァルトを意識しています。

また物語の舞台もマリア・テレジアが治める時代のヴィーンであり、これはモーツァルトが生まれた頃です。それにプロットがモーツァルトのオペラ「フィガロの結婚」の雰囲気に似ています。おそらくシュトラウスと台本作家のフーゴ・フォン・ホーフマンスタールが相談して作ったのでしょう。ちなみにホーフマンスタールとシュトラウスは「エレクトラ」からずっとコンビを組み、「ばらの騎士」のあともいくつも名作オペラを残しています。

物語の冒頭はすこしショッキングです。侯爵夫人マルシャリンが若い燕《つばめ》オクタヴィアンとセックスを楽しんだあとのシーンからスタートするのです。夫人は若くして愛のない結婚をし、中年になってからオクタヴィアンと不倫の関係を続けています。オクタヴィアンはマルシャリンを愛していますが、マルシャリンはいずれ彼が自分のもとを去っていくだろうという悲しい予感を持っています。

そんなマルシャリンのところに従兄のオックス男爵が現れ、許嫁《いいなずけ》の女性ゾフィーのもとに「ばらの騎士」を送りたいが、ふさわしい男はいないかという相談をします。当時、ヴィーンの貴族界には、結婚を申し込む男性は女性に銀の薔薇《ばら》を届ける使者を送るという風習があったという設定ですが、これはシュトラウスとホーフマンスタールの創作です。

マルシャリンに頼まれ、オクタヴィアンは「ばらの騎士」となって、ゾフィーを訪ねますが、二人は出会った瞬間、恋に落ちます。ゾフィーの父は新興の金持ちで、爵位が欲しいために、娘を中年のオックス男爵に嫁《とつ》がせようとしていたのです。まもなくオックス男爵がやってきますが、ゾフィーははじめて出会った彼の下品さと好色さに耐えられなくなります。ゾフィーの苦悩を知ったオクタヴィアンは、この婚約を潰《つぶ》してしまおうと作戦を練ります。いろいろあって最後はオックス男爵とゾフィーの婚約は解消され、愛し合うオクタヴィアンとゾフィーをマルシャリンが祝福して終わります。

物語を簡単に説明すればまるで他愛ない喜劇のようですが、じっくり聴くと（観ると？）意外に奥が深いオペラです。

オクタヴィアンを愛していながら、自らの容貌の衰《おとろ》えを自覚し、やがて恋人は去っていくだろうと考える中年女性の悲しみ。魅力溢れる年上の夫人の愛に溺れながら、清楚なゾフィーに惹かれる若い貴族。結婚を夢見て、不安と喜びに震える若い娘。これらがシュトラウスの音楽で濃厚に表現されているのです。それらは三者三様に立場が違えど、すべて「愛の幻想」を歌っていると私は思います。

しかも上記三人はすべてソプラノで歌われます。二人の女性の間で揺れるオクタヴィアンもソプラノ（厳密に言えばメゾソプラノ）で、実際の舞台では女性歌手が男装して演じます。これはおそらく「フィガロの結婚」に登場するケルビーノという若い小姓《こしょう》を女性歌手が演じるのを真似ています。また作曲家と台本作家はいたずら心を発揮して、劇中にオクタヴィアンが女装してオックス男爵を誘惑するシーンを作っています。このあたりは若干倒錯的なシーンでもあります。

オペラの最後に、三人のソプラノが三重唱を奏でますが、これはシュトラウスが最高の技巧を凝《こ》らして書いたもので、この美しさはこの世のものとは思えないほどです。

幕間の休憩時間を入れると鑑賞には五時間はかかりますが（上演時間は正味三時間二〇分）、天才シュトラウスが総力を挙げて作った豪華絢爛なオペラは一見の価値があります。

この曲を得意としたカラヤン

「ばらの騎士」は名演が目白押しですが、まず挙げなければならないのは、ヘルベルト・フォン・カラヤン指揮フィルハーモニア管弦楽団の演奏です。このCDに登場するエリーザベト・シュヴァルツコップは史上屈指の侯爵夫人（マルシャリン）と言われているほどです。またカラヤンの指揮が最高に上手い。彼は毀誉褒貶《きよほうへん》が激しい指揮者ですが、オペラを指揮する時の能力の高さはアンチも認めるところです。彼はこのオペラを得意としており、晩年にもヴィーン・フィルハーモニー管弦楽団で録音していますが、これも文句のつけようがないくらいに素晴らしい。カラヤンは二種類の映像も残しており、それを観ても楽しめます。

他にもカール・ベーム指揮ヴィーン・フィルハーモニー管弦楽団、エーリヒ・クライバー指揮ヴィーン・フィルハーモニー管弦楽団、ルドルフ・ケンペ指揮ドレスデン国立歌劇場管弦楽団の演奏などもいい。

しかし、実は個人的に最高だと思っている演奏は、カルロス・クライバーがヴィーン国立歌劇場管弦楽団を指揮した演奏です。これはライブを収録した映像ですが、まさしく完壁と言っていいほどの演奏です。彼は若い時にバイエルン国立歌劇場でもライブ映像を残していて、それも見事な演奏ですが、後年の演奏のほうがさらに素晴らしい。三人のソプラノも当代最高の歌手を揃えています。

この時クライバーがヴィーン国立歌劇場で行なった一九九四年の公演は、指揮者も歌手も舞台セットも衣装もすべてそのままで、その年に日本で引っ越し公演が行なわれました。

私が必死でチケットを手に入れたのは言うまでもありません。当日、東京文化会館で過ごした時間は、大袈裟《おおげさ》な言い方を許してもらえるならば、まさしく夢のようなひとときでした。

グリーグ「ペール・ギュント」

素晴らしいのは、「朝」だけではない

小学生には衝撃だったストーリー

子供の頃にはクラシック音楽にまったく興味のなかった私が、小学生の時に音楽の授業で聴いた瞬間に心を奪われた曲があります。それはノルウェーの作曲家エドヴァルド・グリーグ（一八四三―一九〇七）の「ペール・ギュント」組曲です。そしてその感動は小学生時代だけにとどまりませんでした。あれから半世紀以上過ぎた今も私を魅了し続けています。

大学生の頃、クラシック音楽の魅力にはまり、バッハ、モーツァルト、ベートーヴェン、ヴァーグナーといった「正統派クラシック」――あえて言えば「古典ドイツ音楽」ばかり聴いていた私でしたが、「ペール・ギュント」組曲だけは、常に私の大好きな曲でした。

「北欧のショパン」と呼ばれることもあるグリーグは叙情的で甘美な旋律を書く作曲家ですが、その中でも「ペール・ギュント」組曲の美しさは絶品です。しかし私がこの曲に惹かれるのは、それだけではありません。はじめてこの曲を聴いた時、同時に主人公であるペール・ギュントの物語を知ったことが大きいのです。今でもこの曲を聴くと、私の脳裏に、彼の波乱に満ちた数奇な人生が鮮明なイメージとして広がります。その物語こそがまさしく「愛の幻想」です。

「ペール・ギュント」はもともとイプセンの同名戯曲につけられた劇付随音楽です。つまり劇中に流される音楽として作られました。小説『人形の家』で知られるイプセンは、『ペール・ギュント』を劇場用としてではなく、もともとはレーゼ・ドラマとして書きました。レーゼ・ドラマというのは上演を目的としない「読むための戯曲」で、ゲーテの『ファウスト』などもそうです。物語はペール・ギュントという男の生涯を描いたものです。

私は小学校の音楽の授業で、簡単なあらすじを聞いて衝撃を受けました。というのは、ペール・ギュントはこれまで私が物語の中で出会ったキャラクターとはまるで違っていたからです。彼は没落した豪農の息子で、父はなく母と二人で暮らしています。普通、こういう若者は貧しいけれど、誠実で働き者というのが、子供が読む物語の王道です。ところが彼はそんなキャラクターではありませんでした。いずれは世界の王になるという誇大妄想の夢ばかり見ているホラ吹きの怠《なま》け者だったのです。この設定に、まず驚かされました。そして彼の人生を知ってさらに驚くことになります。

物語の冒頭、ペールはかつての恋人であるイングリッドの結婚式を見て、むらむらとよこしまな気持ちを抱き、婚礼の場から彼女を奪って山に逃げます。当時は純情だった一〇歳の百田少年は、まずこの行動にショックを受けました。

そしてその衝撃はその後の展開でさらに大きくなります。イングリッドを自分のものにしたペールでしたが、すぐに彼女に飽《あ》きてしまうと、あっさりと山の中で捨ててしまいます。純情少年百田くんはまたまたショックを受けました。

モーツァルトの傑作オペラ「ドン・ジョヴァンニ」（第二章で紹介）の主人公も極悪非道な女たらしですが、「ドン・ジョヴァンニ」には、モーツァルト自身「喜劇」と呼んだように、どこか陽気なコメディの雰囲気が残っています。しかし「ペール・ギュント」にはそうした明るさは微塵《みじん》もありません。

イングリッドを捨てて山の中を彷徨《さまよ》うペールは、今度は魔王の宮殿に迷い込みます。一時は魔王の娘と結婚し、世界の王になろうと考えましたが、そうすると人間ではなくなると聞いて、宮殿から逃げ出します。その後のストーリーから類推すると、魔王の娘ともできていたらしく、もうやることなすことめちゃくちゃです。

山を降りたペールは純情な村娘ソルヴェーグに出会い、彼女を口説き落として一緒に暮らします。しかし世界の王になるという夢を果たすため、彼女も捨てて、再び村を飛び出します。そうして世界を放浪し、さまざまな冒険を繰り返した末に、人生最後の大勝負に勝ち、巨万の富《とみ》を得ます。そして生まれ故郷を目指しますが、その航海の途中、嵐に遭《あ》い、乗っていた船が難破して、全財産を失います。

若さも金も希望もすべて失って故郷に辿《たど》り着いたペールを待っていたのは、年老いたかつての恋人ソルヴェーグでした。ペールはソルヴェーグの膝の上に抱かれ、彼女の優しい子守歌を聴きながら、静かに息を引き取ります——。

何度も繰り返しますが、子供時代の私はこの物語には本当に衝撃を受けました。と同時に音楽の美しさに深い感銘を受けました。幼い私の心の中に「ドラマ」と「音楽」が深く刻み込まれたのです。今、この文章を書きながら「ペール・ギュント」組曲を聴いていますが、その物語の切なさと音楽の美しさに涙が止《と》まりません。

切ない曲からエキゾチックな曲まで

グリーグは『ペール・ギュント』の劇に全部で二六曲の付随音楽を書いていますが、そこから八曲を取り出して編曲し、「ペール・ギュント」組曲として出版しました。組曲は第一と第二があり、以下のような内容です。

第一組曲「朝」、「オーゼの死」、「アニトラの踊り」、「山の魔王の宮殿にて」。

第二組曲「イングリッドの嘆《なげ》き」、「アラビアの踊り」、「ペール・ギュントの帰還」、「ソルヴェーグの歌」。

「朝」は非常に有名な曲で、おそらく誰でも耳にしたことがあるはずです。物語の中では第四幕でペールがアラビアの海岸で朝を迎えるシーンで使われます。単純な音型が繰り返されるだけですが、その旋律はまさに美の極致とも言えるほどです。

「オーゼの死」は、第三幕で母親であるオーゼが亡くなるシーンで使われます。魔王の宮殿から戻ったペールは、瀕死の母親の前で空想ばかりを語ります。オーゼはそんな息子の話を聞きながら、微笑《ほほえ》みながら死んでいきます。聴いているだけで、母の悲しみがにじみ出てくるような切ない曲です。

「アニトラの踊り」は、第四幕でアラビアの放牧民の族長の娘アニトラがペールを誘惑する踊りのシーンで使われます。妖艶な美女の踊りの魅力が伝わってきます。

「山の魔王の宮殿にて」は、第二幕でペールが迷い込んだ魔王の宮殿を描いた音楽です。不気味な旋律の中にも奇妙な美しさがあるのがグリーグの特徴です。終盤、曲は異様な盛り上がりを見せ、聴く者を興奮させます。

「イングリッドの嘆き」は、第二幕でペールに捨てられたイングリッドの嘆く様を描いたもの。叫びのような全合奏のあと、沈痛な悲しみの音楽が弦楽器で静かに奏でられます。しかしそこには悲しみだけでない暗い怨《うら》みのような怖さもあります。その悲しみが頂点に達した時、激しいティンパニが轟《とどろ》きます。これはまさしく捨てられた女の絶望的な怒りです。

「アラビアの踊り」は、第四幕で流れるエキゾチックな曲。オリジナル版では、女声《じょせい》二部合唱とアニトラの独唱が入るが、組曲版はオーケストラだけで演奏されます。

第五幕の「ペール・ギュントの帰還」は、勇壮で迫力に満ちた曲です。また、ヴァーグナーのオペラ「さまよえるオランダ人」を連想させるほど、激しい航海の様子が描かれます。グリーグの多彩な才能の凄さがわかる曲です。

「ソルヴェーグの歌」は、第四幕でソルヴェーグがペールを思う歌です。「めぐり来る冬　そして春　いつのまに夏　待ちわびる　その時の長さ」（谷川俊太郎・覚和歌子日本語詩『ソルヴェイグの歌　混声合唱とピアノのためのグリーグ歌曲集』音楽之友社）という歌詞で歌われるこの曲は、まさしく癒しと救済の音楽です。オリジナル版ではソプラノ独唱ですが、組曲版はオーケストラのみです。しかし管弦楽だけでも、その深みは十分に伝わります。曲の中間部で、青春時代を回想するような明るい音楽が挟み込まれますが、これがまたいっそう切なさを募らせます。

組曲は以上の八曲からなりますが、どの曲も本当に素晴らしい。曲は短いもので三分弱、長いものでも五分ちょっと。すべて聞いても三〇分ほどですが、ここには人間の弱さ、悲しさ、滑稽《こっけい》さ、そして愛の素晴らしさが描かれています。

二つの組曲に入っているわずか八曲だけでも「ペール・ギュント」の素晴らしさは十分わかりますが、全曲版だといっそうその凄い世界が味わえます。組曲版では物語の順番を無視して曲が並べられていますが、全曲版だと、ペールの辿った人生を追いかけるように曲が進むだけに、感情移入もしやすいし、曲へののめり込みも大きい。

だから、もし皆さんが組曲版を聴いて「素晴らしい」と思われたなら、ぜひ、オリジナルの全曲盤に手を伸ばしてほしいと思います。組曲版以外の曲の中にも、組曲に優《まさ》るとも劣《おと》らない名曲がいくつもあります。また組曲版とは違う「歌唱つきの曲」(「アラビアの踊り」「ソルヴェーグの歌」)もあります。

言葉を失うほど美しいフルートの音色

推薦盤としては、まずはヘルベルト・フォン・カラヤン指揮ベルリン・フィルハーモニー管弦楽団の演奏を挙げたいと思います。グリーグの書いた甘美で切ない旋律を、これ以上はできないというほど華麗に演奏しています。特に「朝」のフルートの美しさは言葉を失うほどです。「魔王の宮殿」や「帰還」の迫力も抜群です。ベルリン・フィルの演奏は二種類残されていますが、どちらも素晴らしい。

ヴァーツラフ・スメターチェク指揮プラハ交響楽団の演奏もいい。

ところで、昔は「ペール・ギュント」と言えば、組曲版がほとんどでしたが、最近は「抜粋版」のＣＤも増えてきています。これは従来の組曲に、全曲版からいくつかの曲を加えて構成されたものです。「ペール・ギュント」の魅力が徐々に知れ渡ってきたのかもしれません。

ネヴィル・マリナー指揮アカデミー・オブ・セントマーティン・イン・ザ・フィールズの演奏（全一二曲）が素晴らしい。ここでは組曲に四曲プラスされただけですが、物語の順番に曲が構成されていて、組曲版にはないドラマティックな進行が聴けます。「山の魔王の宮殿にて」における合唱団の迫力は凄《すさ》まじく、また「ソルヴェーグの歌」と「子守唄」では名ソプラノ歌手ルチア・ポップの見事な歌唱が聴けます。

パーヴォ・ヤルヴィ指揮エストニア国立交響楽団の演奏（全二〇曲収録）もいい。もっともこれはほとんど全曲盤に近い。

全曲盤としては、ネーメ・ヤルヴィ指揮エーテボリ交響楽団の演奏が圧倒的にいい。合唱団や独唱陣も揃えた完全版で、「ペール・ギュント」の世界を見事なまでに再現している。なお、ネーメ・ヤルヴィはパーヴォの父である。

シューベルト「幻想曲」

誰にも教えたくない、宝物のような曲

悲しい曲を作り続けた作曲家

本書では読者の皆さんに、私が愛してやまないクラシック音楽の名曲の素晴らしさを知ってもらいたい、魅力を感じてほしい、という思いで書いています。

しかし私の大好きな曲の中には、実は誰にも教えたくないという曲があります。自分の大切な何かがそこに詰まっているような気がするからです。それらの曲の多くは有名曲ではありません。それだけに自分一人だけの宝物のように思います。もちろん曲は私のものではないので、こんな思い込みは錯覚にすぎません。しかし、音楽を愛する人なら誰でもこういう曲があるのではないでしょうか。

今回、禁を犯して紹介する曲は、フランツ・ペーター・シューベルト（一七九七―一八二八）の四手《よんしゅ》のためのピアノ曲の「幻想曲」です。

四手のためのピアノ曲とは連弾曲《れんだんきょく》のことで、一台のピアノを二人で弾くための曲です。当時、音楽愛好家たちのために連弾曲が流行《はや》りました。家庭で気軽に音楽を楽しむのに、連弾曲はうってつけだったからです。シューベルトは需要に応じて多くの連弾曲を書いていています。有名な「軍隊行進曲」もその一つです。

シューベルトの音楽は悲しみに塗り潰されたような曲が多い。しかし彼の場合、けっしてこれ見よがしの悲劇などではありません。彼の音楽には声を上げて泣くような曲はありません。ひとり孤独の中で静かに一筋の涙を流すのが、彼の音楽なのです。

シューベルトの曲は明るい長調であっても、切なさに満ちています。私はシューベルトこそクラシック音楽の作曲家の中でもっとも悲しい曲を書き続けた人ではないかと思います。彼が語った言葉で有名な「悲しくない音楽はない」という言葉がありますが、彼にとって音楽とは「悲しみ」を表現するものであったのかもしれません。

そして晩年は、といっても彼は三一歳の若さで亡くなっているのですが、もはや涙さえも流れない深い悲しみの曲が多い。「幻想曲」はまさに最晩年、死去の年に作られました。

シューベルトは二一歳の夏、ツェレス（現在はスロヴァキア）の別荘に滞在するハンガリーの貴族エステルハージ伯爵にピアノ教師として雇《やと》われ、マリー（一五歳）とカロリーネ（一三歳）という二人の娘にピアノを教えました。

エステルハージ家はハプスブルク帝国の貴族で大地主でした。代々、音楽を含めた芸術に対して造詣が深く、ちなみに「交響曲の父」と言われるハイドンはかつてエステルハージ家の楽団の楽長を務めていましたし、リストの父もエステルハージ家に仕えていました。

シューベルトはこの別荘で優雅なひと夏を過ごしますが、この時、屋敷の小間使いの女性（名前もわかっている）と関係を持ち、当時は不治の病《やまい》であった梅毒に感染しています。ふしだらな女性に誘惑された可能性もありますが、彼自身の弱さのせいでもあります。彼はこの病に死ぬまで苦しめられることになります。

六年後、二七歳のシューベルトは再びエステルハージ家の別荘に招聘されて娘のピアノ教師を務めますが、かつては子供だった姉妹は美しい娘に成長していました。

シューベルトは一九歳の妹カロリーネに恋をしました。しかし彼女は伯爵令嬢で大地主の娘、かたやシューベルトは財産も身分もない無名の音楽教師です。この恋が叶うはずもありません。

　また彼は人一倍内気で、女性を口説くような度胸は微塵も持ち合わせていません。彼は自らの想いを打ち明けることはなく、別荘を去ります。

　しかしカロリーネへの想いはその後も彼の胸の中に残りました。そして四年後、三一歳の時、彼女へ献呈するための「幻想曲」を書きました。普通、四手のピアノ曲は客からの依頼があって作られます。しかしシューベルトはカロリーネに捧げるためだけに書きました。おそらくその曲を姉のマリーと共に弾いてもらいたかったのでしょう。

　ちなみに「幻想曲」というのは、クラシック音楽界の音楽用語では、「形式を持たない曲」という意味です。つまりソナタ形式でもロンドでも舞曲でもない、自由な曲です。なお、シューベルトはこの曲とは別に、「さすらい人幻想曲」というピアノ曲も作っています。

　この曲の演奏時間は二〇分前後で、大きく分けると四つの部分からできていますが、楽章には分かれておらず、一気に演奏されます。曲全体は感情が揺れ動くように、さまざまなメロディーが次から次へと現れます。

死を前に、秘めた想いを曲に託す

私はこの曲を聴くと、いつも胸が締めつけられます。シューベルトは長い間ずっと胸の奥に秘めていた恋の想いを曲に託したのだと思います。そしてこの曲を弾くであろうカロリーネに、自らの想いが伝わることを望んだのだと思います。それが内気なシューベルトの精一杯の恋の告白だったに違いありません。

死の年、彼は自らの体の不調を自覚していました。おそらく近いうちに死ぬかもしれないと思っていました。そうでなければ、亡くなる直前にあれほど悲しみに満ちた名曲を立て続けに書けるはずがありません。「ピアノソナタ第一九〜二一番《遺作》」、「三つのピアノ曲」、歌曲集「冬の旅」や「白鳥の歌」、「弦楽五重奏曲」など、どれもが音楽史上に残る傑作なのです。

「幻想曲」は優しく美しいメロディーから始まります。いや、これを単に「美しい」と言ってよいものでしょうか。ここには言いようのない悲しみがあります。

私はこの曲の中にシューベルト自身の姿を見ます。冒頭のメロディーを聴くと、寒い冬空のもと、一人の孤独な青年が背中を丸めて歩いている情景が目に浮かびます。そして暗い雲が一瞬途切れて、陽《ひ》の光が青年を包みます。しかし青年の体を温《あたた》めることはありません。すぐに晴れ間は消え、今度は冷たい木枯《こが》らしが彼のコートを揺らします。青年の心に恋する女性の面影《おもかげ》が浮かびます。彼女を思い出すと、胸にかすかな喜びが甦ります。しかしそれは次の瞬間には悲しみに取って代わられます――。

ああ、駄目ですね。とても作家の文章とは言えません。自分で書いておきながら、まるで中学生のような感傷に満ちた甘い文章だと呆《あき》れます。しかしこの「幻想曲」を前にすると、心穏やかではいられないのです。他の曲のように冷静な文章が書けません。

音楽は全体に暗い短調が支配しますが、途中に何度も長調が顔を出します。長調は本来、明るい調なのですが、シューベルトの場合、長調になると、「悲しみ」がいっそう深くなるのです。これはいったいどういうことなのでしょう。こんな作曲家は他にはいません。曲はシューベルトの千々《ちぢ》に乱れた心を、万華鏡のように描いていきます。

小説には「私小説」と呼ばれるものがあります。作家本人の独白のような小説ですが、もし音楽に「私音楽」というものがあるなら、まさにこの曲がそうだろうと思います。

曲の最後には再び冒頭の美しいメロディーが戻ってきますが、音楽は唐突に終わります。聴く者は、まるで突然の別れを告げられたような気持ちにさせられます。これで終わりはないだろう、まだこの続きがあるのではないか——そんな気持ちにさせられるのですが、いっぽうで、ああ、もうこの続きはないのだ、とも思わせる不思議な終わり方なのです。

「幻想曲」を書き上げたシューベルトには、もう人生の時間はほとんど残されていませんでした。彼はその年の一一月に三一歳の若さで亡くなります。

彼が死んだあと、カロリーネは結婚します。彼女がシューベルトの恋に気づいていたという証言は残されていないし、彼女自身も何も語っていません。しかしシューベルトの友人たちの間では彼のカロリーネへの恋は知られていました。彼の死後、何年か経って描かれた「シューベルティアーデ（シューベルトを囲んだ音楽仲間たちの集《つど》い）」には、後ろの壁にカロリーネの肖像画が掛かっています。おそらくその絵を描いた画家はシューベルトの想いを知っていて、あえてその肖像画を描き入れたのでしょう。

カロリーネは自分に献呈された「幻想曲」を姉と一緒に弾いたことでしょう。そして弾きながら、無口で内気なピアノ教師の想いに気づいたことでしょう。彼女は、のちに夫と死別した時になぜか婚姻関係を解消されています。その結婚生活は幸せなものではなかったのかもしれません。彼女の死後、その遺品の中に、シューベルトの沢山《たくさん》の初版楽譜が大切に保管されていたと言われています。
シューベルトの伝記を書いたマルセル・シュナイダーは、その著作の中で次のように書いています。
「この恋では、結婚とか家庭を作ろうとか、若い人たちが考えているような意味での将来などということは全く度外視していた。二人は、永遠の現在、即ち一刹那だけで満ち足り、また不滅の誠実の中でのみ実るような、口ではいい表わせない愛情でお互いに立ち向かい合っていたのである。（中略）二人の結びつきは、沈黙でもって封印されている」（マルセル・シュナイダー著、城房枝・桑島カタリン訳『シューベルト』芸術現代社）
なお、シューベルトは同じ年、「人生の嵐」（アレグロ イ短調）、「大ロンド」（ロンド イ長調）という四手のためのピアノ曲を書いていますが、この二曲も「幻想曲」に劣らない傑作です。シューベルトの四手曲が録音されたCDには多くの場合、「幻想曲」を含めたこの三曲が入っているので、ぜひじっくり聴いてもらいたいと思います。晩年のシューベルトがどんな世界にいたのか、これらを聴くと痛いほどわかります。

異例に多くの録音が残されている理由

普通、一流ピアニストは連弾曲を頻繁《ひんぱん》に弾く機会はありません。四手曲は狭い鍵盤を四本の腕が交錯するので、二人のピアニストの呼吸が合わないと難しいし、またペダルも二人が分けて踏まなければなりません。だから一流ピアニストを組み合わせても、個性がぶつかり合うといい演奏にはなりません。しかしシューベルトの「幻想曲」は、四手曲としては異例に多くの録音が残されています。それだけ、ピアニストたちを魅了している曲なのでしょう。

マリア・ジョアン・ピリスとリカルド・カストロの演奏は悲しみを抑えたような速めのテンポで進みますが、逆に切ない気持ちを掻《か》き立てます。またピアノの音が実に美しい。

エリックとターニャのハイドシェック夫妻は、この曲の悲劇性を打ち出した演奏です。テンポが自在に変わりますが、夫婦だけに息がぴったりと合っています。アンヌ・ケフェレックとイモージェン・クーパーという二人の女流ピアニストは優しく慈《いつく》しむような演奏で、一音一音が胸に染み渡ります。アルフレート・ブレンデルとイヴリン・クロシェの演奏は劇的で、これもこの曲のもう一つの性格を表しています。

他にも、クリストフ・エッシェンバッハとユストゥス・フランツの演奏、アルフォンスとアロイスのコンタルスキー兄弟の演奏も素晴らしい。

【間奏曲】決定盤趣味

長い間（もしかしたら今も）クラシック音楽誌の最大の目玉企画が「決定盤選び」でした。

「決定盤選び」とは、たとえばベートーヴェンの「交響曲第三番《英雄（エロイカ）》」はどのＣＤがもっとも優《すぐ》れた演奏か、というものです。多くの評論家が「これぞ」と思うＣＤを挙げて、コンクールみたいに点数をつけてランキングを発表する。ファンはそのランキングを見て、購入の参考にしたり、またお気に入りのＣＤのランクに一喜一憂したりします。

かつてＬＰレコードは非常に高価なものでした。昭和三十年代、大卒の初任給が一万円くらいの時に二〇〇〇円くらいしました。そんな時代に同じ曲を何枚も購入する余裕のある者はそういません。だからレコードを買う時は最高の一枚を選びたいと考えるのは当然です。しかし自由に視聴できないだけに、どの演奏が素晴らしいのかわかりません。そんなユーザーたちのために、クラシック音楽誌が評論家たちを集めてコンクールさながら「ベストワン」を選んだのです。

しかし、この「決定盤選び」はいつのまにか日本のクラシックファンの間でマニアックな趣味となってしまいました。音楽評論家の中には、長年その企画ばかりしてきたためにどっぷりと浸《つ》かってしまい、ベスト盤を選ぶことをライフワークにしてしまったような人もいます。

同じ曲を違う演奏で聴き比べることは、クラシック音楽の楽しみの一つでもあります。解釈の違い、テクニックの違い、オーケストラの音色の違いなどを聴き分ける面白さは、上級ファンの遊びでもあります。しかしそんなマニアの多くが無意識に冒《おか》す危険は、そうした聴き比べで演奏の優劣をつけてしまうことです。芸術はスポーツではありません。優劣を競うものではないし、数値化できるものではありません。

そして「決定盤趣味」が昂《こう》じると、曲を聴いていても演奏ばかりに耳を奪われ、肝心《かんじん》の曲を聴くということを忘れるということになります。そして自分が

「最高の演奏」と決めたものに巡り合うと、それ以外の演奏のCDをまるで認めないということにもなりかねません。ひどいのになると、評価しないCDを「とても聴いてはいられない！」と言う人もいます。この本を読まれている皆さんは、そんな馬鹿なと思われるかもしれないが、クラシックマニアの会話には普通に出てきます。いや、音楽評論家の中にもそういう発言を平気でする人は珍しくありません。

笑止！　と言わざるを得ません。音楽会社がレコードやCDのために録音する演奏家というものは、すべて超一流の演奏家です。はっきり言って、誰の演奏を聴いても素晴らしい。

確かに厳密に言えば、演奏に優劣はあります。テクニックにも差があります。しかしそれらは、素人《しろうと》にとっては実際には問題とはならないくらいの小さなものです。

「いや、一流のレベルになると、その差こそ大きい」「凡庸な演奏家のCDでは感動できない」と反論する人がいるかもしれません。一見もっともらしい主張ですが、もしそうなら、アマチュアの演奏では絶対に感動できないということになります。しかしそれはありえません。無名の演奏家やアマチュアの演奏による音楽が、しばしば私たちに深い感動を与えるということは経験で知っています。

この本を手に取られている皆さんに申し上げたいと思います。

この本の中で私は一応、推薦CDというものを挙げています。しかしこれはあくまで参考にすぎません。読者の皆さんはそれにこだわることはありません。もし曲に興味が湧《わ》いたなら、どんな演奏を聴いていただいてもかまいません。いや、むしろ私の推薦するCD以外のものを聴いていただきたいくらいです。

あえて極論すれば、名曲は誰が演奏しても名曲なのです。ましてCDで市販されているほどの演奏家なら、すべて超一流の演奏であると断言します。

皆さんには、他人の評価に振り回されず、また「クラシック音楽決定盤」などと銘打った本などには惑わされずに、ただ虚心に音楽を聴いてもらいたいと思います。

第二章

エロス

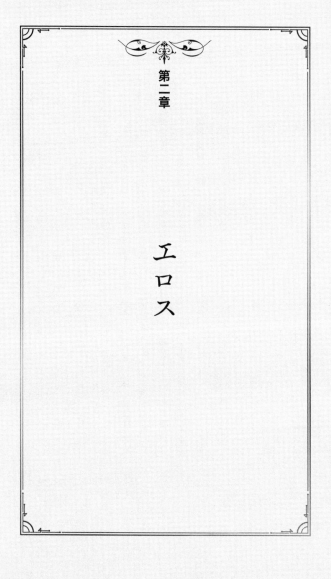

愛の中でもっとも重要な要素はエロスです。恋の情熱もその背後にはすべて性的な欲望があります。「性」は時に艶《なま》めかしく、時に情熱的で、時に淫靡《いんび》で、時に人を狂わせます。

この章では、聴く者をエロティックなムードに誘い込む不思議な旋律を持つ七曲を紹介しましょう。

リヒャルト・シュトラウス「サロメ」

過激さゆえに、何度も上演禁止になったオペラ

オペラの世界を一変させた作品

オペラは長年ヨーロッパでは比較的優雅な娯楽の一つでした。モーツァルトが活躍していた一八世紀末のヴィーンでは宮廷歌劇場（現在は国立歌劇場）があり、そこは着飾った貴族たちの社交の場でもありました。ただ一九世紀になると地方都市にも小さな劇場が多く作られ、オペラは庶民にとっても親しみやすいものとなりました。とはいえオペラはどこかハイソな雰囲気が漂《ただよ》うものでもあったのは事実です。

オペラの題材に使われるストーリーは、勧善懲悪、史劇、悲恋、ファンタジー、コメディと多彩ですが、難解な内容のものはあまりありません。芸術性を厳しく追求するもので

はなく、あくまで大衆性を目指したものだったからです。ところが二〇世紀になった途端、オペラの世界は一変します。古典的ドラマトゥルギーを無視した近代文学を思わせるような晦渋《かいじゅう》な作品が次々と生み出されるようになりました。その嚆矢《こうし》とも言えるのが「サロメ」です。作曲者はリヒャルト・シュトラウス（一八六四—一九四九）です。

「ばらの騎士」のところで、シュトラウスは世渡り上手で、如才がなく、享楽的で、金の計算が大好きな男であったことは書きました。彼は若い頃にさかんに交響詩を作っています。交響詩とは前述のように、文学的なテーマを描いた管弦楽曲ですが、シュトラウスが書いた交響詩は、そのテーマを見ても、どこまで真面目に選んでいるのかわからない部分もあります。

シュトラウスが三四歳の時に書いた交響詩「英雄の生涯」で描いている「英雄」とは、呆れることに自分自身のことです。この曲は六つの部分からできていますが、第二部の「英雄の敵」では、同業者や批評家をおちょくり、第三部の「英雄の伴侶」では、自分の妻といちゃつく音楽を書き、第五部の「英雄の業績」では、これまでに自分が作曲したさまざまなメロディーが出てくるのです。こうして書いていると、何ともふざけた音楽に思えますが、曲そのものはとてつもなく素晴らしいのですから始末に負えません。なお、

「英雄の生涯」については『クラシックを読む3』で紹介します。

妖艶かつ怪奇なストーリー

シュトラウスは「英雄の生涯」を書いたあと、交響詩の世界に別れを告げ、オペラの世界に乗り出します。ヴァーグナーの影響を受けた「グントラム」「火難」などの斬新なオペラで注目を浴びた彼が、四一歳の時に満を持して世に送り出したのが「サロメ」です。しかしこのオペラは初演から観客の間にも評論家の間にも賛否両論の嵐が沸《わ》き起こりました。内容が実に不道徳かつ猥褻《わいせつ》なものだったからです。もしかしたらシュトラウスはその話題性を狙って作ったのかもしれません。

このオペラの原作はオスカー・ワイルドの戯曲です。私はワイルドを天才作家と思っていますが、その才能は狂気を孕《はら》んでいます。『サロメ』は彼の代表作の一つですが、発表時からスキャンダルとなった作品です。なぜなら『新約聖書』のマタイ伝とマルコ伝に出てくる預言者ヨハネの処刑の話を大胆にアレンジしたものだったからです。

舞台となった紀元三〇年頃のエルサレムはヘロデ王が治めていましたが、彼は兄嫁（弟嫁の説もあり）であったヘロディアを妻としていました。ヨハネはそのことを批判したことで、ヘロデ王とヘロディアの怒りを買い、囚《とら》われの身となっていました。ヘロディアはヨハネを殺したいと思っていましたが、彼は民衆から大きな尊敬を集めていた聖人であったので、ヘロデ王は彼を処刑することができませんでした。

ヘロデ王の誕生日の宴会の席で、ヘロディアの連れ子である少女が、ヘロデ王の前で踊りを舞いました。喜んだヘロデ王は少女に「好きなものを褒美《ほうび》にやる」と言いました。少女は母のヘロディアに「何をもらえばいいいか」と訊《たず》ねると、ヘロディアは娘に「ヨハネの首を欲しいと言いなさい」と言いました。少女の願いを聞いたヘロデ王は困りますが、いったん約束してしまったため、仕方なくヨハネの首を斬って少女に与えました。そして少女はその首を母のもとへ持っていきました。

これが『新約聖書』にあるヨハネの処刑の話です。マタイ伝とマルコ伝では若干細部が異なりますが、大筋は同じです。ちなみに聖書には少女の名は書かれていません。サロメという名前が出てくるのは、フラウィウス・ヨセフスの『ユダヤ古代誌』という文献と言われています。

聖書に出てくる話もかなり不気味なものですが、この話を元にワイルドはとんでもない物語を書きました。

ワイルドの『サロメ』は、ヘロデ王は義理の娘であるサロメを好色な目で眺めているという設定から始まります。サロメは井戸に幽閉されているヨカナーン（ヨハネ）の美しい声に魅了され、衛兵を誘惑し、ヨカナーンを井戸から出させます。一目でヨカナーンに恋したサロメは、「お前の唇に口づけしたい」と何度もせがみます。しかしヨカナーンはそれを拒否し、淫蕩《いんとう》なサロメに「呪われよ」と言い、井戸の底に降りていきます。そこへ義父であるヘロデ王がやってきます。ヘロデ王はサロメに踊りを所望します。サロメは断《ことわ》りますが、「何でも欲しいものをやる」という言葉に、王の前で妖艶な踊りを見せます。そして踊り終えると、義父である王に向かって「銀の楯《たて》の上に、ヨカナーンの首を載《の》せて持ってきてほしい」と言います。その言葉に驚いた王は別の褒美を望むように言いますが、サロメは執拗《しつよう》にヨカナーンの首を求めます。困り果てたヘロデ王はついにヨカナーンの首を斬り、銀の楯に載せてサロメに与えます。サロメはその首を恍惚とした表情で眺めながら、今は首だけとなったヨカナーンに愛の言葉を囁《ささや》き、その唇に口づけします。それを見たヘロデ王は「怪物だ」と慄《おのの》き、兵隊たちに「あの女を殺せ」と命じるところで劇は終わります。

何という気味の悪い物語でしょうか。はじめてこの物語を読んだ人はショックを受けるに違いありません。この本が出版された時、これまた世紀末の巨匠オーブリー・ビアズリーの白黒の挿画が何カットもついていました。サロメが空中に浮かび、ヨカナーンの首を持っている絵は非常に有名です（ビアズリー自身によって「最高潮」というタイトルがつけられている。次ページ左）。もう一つ、楯の上に載せられた、血がしたたるヨカナーンの首の髪の毛を摑《つか》んでいる絵も有名です（これは「舞姫の褒美」というタイトル。同右）。ビアズリーは二五歳で夭逝した天才ですが、ワイルドは彼を嫌いだったという話も残っています。

ところで普通の作曲家なら、こんな物語をオペラにしようとはまず思いません。ここには一般的な意味での楽しさも感動もカタルシスもなく、また何の教訓もないからです。しかし音楽家シュトラウスは、この戯曲を二〇世紀を代表する傑作オペラに仕上げました。

ワイルドの台本にもサロメの狂気と猟奇性と耽美性が十分に描かれていますが、それを音で表現した時の威力は凄まじいものがあります。サロメがヨカナーンに何度拒絶されても、「口づけさせて！」とせがむところは、ＣＤで聴いていてもぞっとします。まさに恋に狂った女の狂気が音で表されています。

後半に出てくるサロメの踊りの場面は「七つのヴェールの踊り」と言われています。これはサロメが踊りながら七枚のヴェールを一枚ずつ脱いでいくところから名づけられまし

『サロメ』(オスカー・ワイルド著)の挿画

左からオーブリー・ビアズリー「最高潮」、同「舞姫の褒美」

た。要するに「ストリップ・ティーズ」です。現代ならオペラの舞台で裸を見せるくらい珍しくも何ともありませんが、「サロメ」が発表されたのは一九〇五年です。当時の聴衆は度肝《どぎも》を抜かれたことでしょう。

現代でも「サロメ」を歌うソプラノ歌手は結構大変です。実際には薄いスーツを着て踊るケースが多いのですが、それでも体の線はくっきりと見えるだけに、肥満体の歌手だと相当苦しいものがあります。しかも踊ったあとに長い歌唱があるだけに、息を整《ととの》えるのも難しい。だから実際の舞台では、踊りのシーンはプロのダンサーが吹き替えで踊ることもあります。

私自身はこのシーンの音楽を聴いてエロテ

ィックなムードは感じませんが、耽美的な美しさは十分に感じます。これは麻薬的な美しさです。シュトラウスと同時代に活躍した作曲家グスタフ・マーラーの妻アルマは、この部分の音楽について否定的な意見を述べていて、また一部では「全体の中で異質な音楽」という批判もあるようですが、私はそうは思いません。というのは「サロメ」は全曲にわたってあまりにも緊迫感に満ちていて、この「七つのヴェールの踊り」は一種の間奏曲の役割を果たしているように思えるからです。

「サロメ」は全一幕で、上演時間は一時間半ほどの短いオペラですが、これ以上はないくらい濃縮された音のドラマがあります。このオペラを聴いて心穏やかでいられる人はいないのではないでしょうか。とにかくすべての音楽と歌が、聴いている人の気持ちを掻き乱すのです。全曲を聴くと、三時間のオペラを聴いたくらいにぐったりとなります。恐ろしい悪夢を見たような印象に似ています。しかもただ怖いだけではない、美しく妖《あや》しい色彩に満ちているのです。

オペラ「サロメ」はその内容の過激さから何度も上演禁止の憂《う》き目にあっています。ヴィーン宮廷歌劇場の指揮者であったマーラーはこれを上演しようと試みましたが、聖書の内容を猟奇的に脚色したという理由による教会からの圧力で叶いませんでした。しかし当時の聴衆はこのオペラの斬新性と優れた音楽性を認め、シュトラウスは一躍、当代一のオペラ作曲家として名前を上げることになりました。

ところでシュトラウスの父はミュンヘン宮廷管弦楽団の首席ホルン奏者でしたが、「サロメ」を聴いて、「何とまぁ神経質な音楽だ。お前のズボンの中を這《は》い回っている小虫のようだ」と言ったといいます。おそらくシュトラウスの父は息子のオペラが気に入らなかったのでしょう。実は「サロメ」は明らかにリヒャルト・ヴァーグナーの影響を受けていますが、保守的な父はヴァーグナーの音楽が大嫌いでした。しかしシュトラウスは一八歳の時にはじめてヴァーグナーを聴いて夢中になり、以降、ヴァーグナーに心酔します。ヴァーグナーは音楽が切れ目なしに続く「楽劇《がくげき》」という新しいオペラのスタイルを確立しましたが、シュトラウスも同じスタイルを使い、「サロメ」も「楽劇」と名づけました。

カラヤン指揮の名盤は圧巻

「サロメ」の名盤としてあまりにも有名なのは、ヘルベルト・フォン・カラヤン指揮ヴィーン・フィルハーモニー管弦楽団の演奏です。カラヤンはシュトラウスを得意としていますが、このオペラでもシュトラウスの人工美の極致とも言える音楽を完璧に演奏しています。サロメ役のヒルデガルト・べーレンスは狂気に満ちた妖しい少女を見事に演じています。またのちに大スターとなるアグネス・バルツァがヘロディアスで歌っているのも注目です。その他の歌手の配役もレベルが高く、当時、「楽団の帝王」と呼ばれたカラヤンだからこそ、これだけのメンバーを揃えられたのでしょう。

ゲオルク・ショルティ指揮ヴィーン・フィルハーモニー管弦楽団の演奏も素晴らしい。ヴァーグナーの楽劇を得意としたビルギット・ニルソンがサロメを歌っています。貫禄十分な歌唱力はさすがとしか言いようがありませんが、迫力がありすぎて十代の少女の声に聞こえないのが玉《たま》に瑕《きず》と言えるでしょうか。しかしそれはないものねだりと言うべきかもしれません。

他にはクレメンス・クラウス指揮ヴィーン・フィルハーモニー管弦楽団、カール・べーム指揮ハンブルク国立歌劇場管弦楽団の演奏がいい。

ラフマニノフ「ピアノ協奏曲第二番」

「性」の香りを放ち、不倫に合う⁉

不倫映画のBGMとなった曲

音楽でエロスを感じるピアノ協奏曲と言えば、セルゲイ・ラフマニノフ（一八七三―一九四三）の「ピアノ協奏曲第二番」です。

ラフマニノフは同時代には作曲家としてよりもピアニストとして有名でした。演奏家史上に残るヴィルトゥオーソ（完璧な技巧を持った演奏家に対する称号）で、そのテクニックは無類でした。身長二メートルを超える大男であり、巨大な手は一二度（白い鍵盤一二個分）を楽々と押さえることができました（ドと一オクターブ上のソの音を同時に弾くことができた）。またピアニスト中村紘子《なかむらひろこ》氏の本（『チャイコフスキー・コンクール』中公文庫）によると、彼は手の関節が異常なほど柔《やわ》らかく、右手の人差指、中指、薬指でドミソを押さえ、小指で一オクターブ上のドを押さえた状態で、親指を四本の指の下をくぐらせてミの音を押さえることができたと言います。ピアノが家にある人は一度やってみるとわかりますが、普通の人には絶対にできません！

ラフマニノフは一八七三年にロシアの貴族の家に生まれ、十代の頃にチャイコフスキーに認められ、モスクワ音楽院を首席で卒業しています。将来を嘱望されていましたが、ロシア革命でヨーロッパに亡命し、その後アメリカに渡り、一九四三年に六九歳でビバリーヒルズで亡くなっています。

「ピアノ協奏曲第二番」は一九〇一年、二〇世紀の幕開けの年に作曲されました。甘くロマンティックな曲は聴衆に受け入れられて人気を博しましたが、同時代の音楽評論家や作曲家からは著《いちじる》しく低い評価しか与えられませんでした。当時のクラシック音楽界は、無調から、やがて十二音技法へと向かう流れを迎えていました。最先端を行く「現代音楽家」たちから、ラフマニノフの「ピアノ協奏曲第二番」は「アナクロニズム（時代錯誤）の極致」「前世紀の遺物」と嗤《わら》われたのです。

確かに美しいメロディーを主体にした、センチメンタリズムが満載のこの曲は、ムード音楽と貶《けな》されても仕方がないような一面も持っています。しかしこの曲はそこにこそ素晴らしい魅力があります。その証拠に、偉大な映画監督たちがその魅力を理解し、映画に取り入れることによって、絶大な効果を上げています。

実は私がこの曲をはじめて知ったのは、イギリス映画『逢びき』（一九四五年製作）の中です。『アラビアのロレンス』『戦場にかける橋』で知られる巨匠デヴィッド・リーンが三十代の時に作った恋愛映画の傑作です。

平凡な人妻が妻子ある男性と恋に落ちて、別れるまでを描いたわずか数週間の物語で、今時のどぎついセックスシーンなどは皆無。キスシーンが数回あるだけ。もちろん二人は肉体的に結ばれることもありません。それだけに、その恋は切なく、激しい。はじめて観たのは一七歳の時でしたが、その格調の高さと大人の恋の物語にいたく感動しました。そして何よりも心を動かされたのは、全編に流れるラフマニノフの「ピアノ協奏曲第二番」のメロディーでした。ただ当時はその曲がクラシック音楽とは知らず、映画用に作られた曲だと思っていました。

オープニングのタイトルバックに、曲の冒頭が流れます。ピアノがピアニッシモ（さらに弱く）で短調の物悲しい和音を奏でますが、やがてオーケストラが加わると、にわかに激しい音楽に変わります。まるでこれから起こる悲劇を暗示するかのように観客の不安を煽ります。

物語は停車場の喫茶室で妻子ある男と永遠の別れをした人妻が家に戻り、夫のいる居間で、恋人と過ごした数週間を回想するところから始まります。ここでヒロインはラジオをつけますが、この時スピーカーから流れる音楽がラフマニノフの「ピアノ協奏曲第二番」です。そして映画のオープニングで流れた哀愁漂う旋律と共に回想シーンが始まります。このあと、映画ではヒロインの恋をした時の驚き、そして恋に落ちる陶酔、喜び、後悔、悲しみを、この曲のあらゆる部分を使って表現していきます。まさにこの映画のために作られたかと錯覚するほどです。いやこの曲こそ、この映画のもう一人の主役と言ってもいいほどです。そしてこの映画のBGMではラフマニノフの「ピアノ協奏曲第二番」以外の音楽はいっさい使われていません。

私が特に印象を受けたのは、二人が恋に落ちる直前、ヒロインが彼に会えずにがっかりして、とぼとぼ駅のホームに向かっていた時に、走ってくる彼を見つけたシーンです。この時の音楽は「素晴らしい！」の一語に尽きます。ここで使われている音楽は第三楽章の終わりに近いところで、それまでの短調から一転して長調になり、ピアノとオーケストラが喜びを爆発させています。まさにこのシーンのヒロインの無上の喜びを音楽が見事なまでに代弁しているのです。他にも、二人がはじめてキスするシーンでは第一楽章再現部のもっとも悲劇的な盛り上がりを見せるところが使われています。

今回、この拙文を書くにあたってあらためて『逢びき』を観直しましたが、音楽も映画もため息が出るほど素晴らしいものでした。

二一世紀に評価が一変

ところでこの曲はもう一作、有名な映画にも重要なモティーフとして使われています。一九五五年にアメリカ映画の巨匠ビリー・ワイルダー監督が作った『七年目の浮気』です。マリリン・モンローが地下鉄の通風孔《つうふうこう》から吹き上がる風でスカートがめくれ上がるシーンで知られる名作です。天然ボケが入ったかわいい女を演じさせれば最高の女優、モンローの代表作でもあります（彼女自身はそんな役は嫌だったらしいが）。

この映画は、たまたま妻が子供を連れて避暑に出かけ、久しぶりに独身気分を味わっている結婚七年目になる中年サラリーマンが主人公です。同じアパートの上の階に色っぽいブロンド美女（モンロー）が引っ越してきたことで、男の浮気心がむずむずしてくるという大人のコメディです（原題“The Seven Year Itch”を直訳すると『七年目のムズムズ』）。

映画の中で主人公はさまざまなエロティックな妄想にふけるのですが、そのシーンでこの曲の第一楽章の第二主題が使われています。甘美なメロディーをバックに、秘書、女性看護師、妻の友人たちが恋心を抑えきれずに主人公に想いを告げるのです。きわめつけは、自分の部屋に二階のブロンド美女を呼ぶ時のシーンです。彼女がセクシーなイブニングドレスでやってくる時の音楽は、第一楽章の冒頭である。『逢びき』のオープニングでも使われた同じ部分です。

最高におかしいのは、男が想像の世界で自分の部屋にブロンド美女を呼び、この曲を弾いて聴かせるシーンです。それを聴いた女はうっとりとし、「ラフマニノフー」と呟いたあと、彼に体を預けてぐったりとなってしまうのです。つまり彼はこの曲さえ聴かせれば、どんな女もたまらなくなって男に身を任せたくなると思い込んでいます。ワイルダー監督は、この曲にはそれだけの魔力があると信じているスノッブが多いという皮肉として使っているのです。

しかし現実シーンでは、ブロンド美女にラフマニノフを聴かせても、彼女は退屈するだけで、男が望んでいた効果は何も起こりません。いかに名曲であろうとクラシック音楽に縁も興味もない若い女性に聴かせても、何の効力も発揮しないという現実的なオチに描いています。

興味深いのは、この二つの名作映画（かたやシリアス、かたやコメディ）がいずれも「不倫の恋」をテーマにしているところです。つまりラフマニノフの「ピアノ協奏曲第二番」という曲は、どこかそういう禁断の果実的な甘さ、爛熟《らんじゅく》の危うさ、そしてほのかに性的な香りのようなものを感じさせるのです。少なくともリーン監督とワイルダー監督はその匂いを嗅《か》ぎ取り、映画においてその効果を如何《いかん》なく発揮させました。

映画を離れて語ると、曲そのものはメランコリックで、過ぎ去った古き良き時代を懐かしむようであり、同時にムード歌謡か演歌のようでもあり、またいっぽうでロシアの荒涼とした大地を連想させ、バーバリアン（野蛮）な魅力もふんだんにあります。

今日、この曲は演奏会でも高い人気を誇り、二〇世紀を代表する名曲と評価されています。存命中は同時代の評論家や作曲家たちに「前世紀の遺物」と陰口《かげぐち》を叩《たた》かれ、亡くなったあとも、音楽界の権威である『グローヴ音楽事典』（一九五四年版）に「つくりものめいた大袈裟な旋律」「その人気は長く続かない」と酷評されましたが、二一世紀になり、その評価は完全に逆転しました。今日では二〇世紀最高の音楽家の一人と言われています。

こういう事実を知ると、芸術の評価とは何だろうと思います。

なお、ラフマニノフは亡命後に作曲活動が著しく低下します。彼自身がそのことを友人に訊《き》かれ、「もう何年もライ麦のささやきも白樺《しらかば》のざわめきも聞いていない」と答えています。ラフマニノフにとって、ロシアの自然と風土こそが作曲の源《みなもと》だったのかもしれません。

二〇世紀最高のピアニスト、リヒテルの歴史的名盤

ラフマニノフの「ピアノ協奏曲第二番」の名演は多い。その中でも、歴史的名盤と知られるスヴャトスラフ・リヒテル（ピアノ。以下P）がスタニスラフ・ヴィスロツキ指揮ワルシャワ国立フィルハーモニー管弦楽団のバックで弾いた演奏がやはり素晴らしい。ロシア生まれの二〇世紀最高のピアニストが、祖国出身の作曲家の代表的な名曲を心を込めて弾いています。今日では古いスタイルとも言えるタメを効かせた演奏ですが、感動の深さは並のピアニストからは味わえません。

他にはヴラディーミル・アシュケナージ（P）とアンドレ・プレヴィン指揮のロンドン交響楽団の演奏がいい。プレヴィンはミュージカル『マイ・フェア・レディ』の編曲家と

して有名ですが、実はクラシック音楽の指揮者でもあります。ヴァン・クライバーン（P）とフリッツ・ライナー指揮シカゴ交響楽団の演奏も素晴らしい。

レオポルド・ストコフスキーが指揮したフィラデルフィア管弦楽団をバックにラフマニノフ自身がピアノを弾いた演奏が残っています。一九二九年の録音で、音は恐ろしく悪いのですが、歴史的に貴重な記録です。演奏は比較的すっきりとしたもので、この曲の持ち味の一つである濃厚なセンチメンタリズムを抑え気味なのがかえって面白い。

なお、映画『逢びき』に使われた演奏は女流ピアニストのアイリーン・ジョイスが映画のサウンドトラック用に演奏したもので（ミューア・マシスン指揮ナショナル交響楽団）、CDにはなっていません。

モーツァルト「ドン・ジョヴァンニ」

破天荒で、エロティックなオペラ

ひたすら女を漁《あさ》る主人公

ヴォルフガング・アマデウス・モーツァルト（一七五六―九一）のオペラの中でもっとも暗く悲劇的なのは「ドン・ジョヴァンニ」です。一般的に思われている天真爛漫《てんしんらんまん》なモーツァルトのイメージとはまるで異なる曲で、ストーリーも異様きわまります。何しろ主人公のドン・ジョヴァンニはとてつもない好色漢で、頭の中は女のことしかないという男です。そして同時にもっともエロティックなオペラです。実は彼のオペラは「フィガロの結婚」も「コジ・ファン・トゥッテ」もエロティックなものですが、「ドン・ジョヴァンニ」はその中でも別格です。

物語の冒頭からめちゃくちゃです。夜の闇にまぎれて貴族令嬢であるドンナ・アンナを犯そうと寝室に忍び込んだドン・ジョヴァンニが、彼女に騒がれて逃げ出すところから始まります。婦女暴行未遂からスタートするようなオペラなど前代未聞です。

逃げるドン・ジョヴァンニと、逃がすまいとするドンナ・アンナの二重唱は緊迫感溢れるものがありますが、ドラマはその後さらに驚きの展開を見せます。娘を襲った悪党に父親が剣で斬りかかるのですが、ドン・ジョヴァンニは逆に彼を剣で刺し殺してしまいます。殺人を目《ま》の当たりにしたドン・ジョヴァンニの従者レポレロは恐れ慄《おのの》きますが、ドン・ジョヴァンニは微塵も後悔しません。オペラが始まって一〇分ほどで、観客はこの物語の主人公は「悪の権化《ごんげ》」であるとわかります。このオペラがどれほど破天荒なオペラであるか理解してもらえるでしょうか。

さて、ドン・ジョヴァンニのその後の悪辣非道《あくらつひどう》な行ないをもうすこし追いかけてみましょう。殺人を犯して夜の町を歩く彼は、通りで美しい女を見つけて誘惑しようとします。ところがその女はかつてさんざん弄《もてあそ》んだ末に捨てたドンナ・エルヴィラだったと気づき、逃げ去ります。彼は一度自分のものにした女にはもう興味がないのです。

さらに町を彷徨うドン・ジョヴァンニですが、今度は村人たちの婚礼の場に出くわします。そこで花嫁となる可憐《かれん》な村娘ツェルリーナに心を奪われた彼は、彼女をものにしようと、許嫁の男性から彼女を引き離し、二人きりになってから誘惑を開始します。最初は拒《こば》むツェルリーナですが、ドン・ジョヴァンニの甘い愛の言葉に次第にうっとりとし、ついに体を許しかけます。これはすんでのところで邪魔が入ります。しかしドン・ジョヴァンニはあきらめません。屋敷に村人たちを招待して、隙《すき》を見てツェルリーナを部屋に連れ込んで犯そうと画策します。

いかがでしょうか。呆れてものも言えない男です。このオペラをベートーヴェンが非常に嫌ったのは有名な話です。おそらく彼にはこのオペラがポルノのように見えたのでしょう。音楽という素晴らしい芸術を使って、このようなふしだらな物語を作るということが、ベートーヴェンには許せなかったのです。彼は、「音楽」とは人間の精神を高めるためにこそあるべきものと思っていたからです。

しかしモーツァルトにとってはそうではありませんでした。想像するに、おそらく彼はこの物語に嬉々《きき》として音楽を書いた気がしてなりません。というのも「ドン・ジョヴァンニ」に使われている音楽は、モーツァルトの音楽の中でも最上級に素晴らしいものだからです。

まず序曲が凄い。いきなりニ短調の悲劇的で重苦しい和音が聴く者の心を震わせます。これは彼の書いた六〇〇を超える曲の中で、もっとも劇的な序奏です。映画『アマデウス』ではこの和音が重要なシーンで繰り返し使われています。序奏が終わって主題に入ると、今度はロッシーニを思わせるスピード感溢れる軽快な音楽が流れます。何とも言えないアンバランスな曲ですが、不思議な魅力に満ちています。実は初演の前日、序曲だけができていなくて、モーツァルトは徹夜で作曲しました。眠気覚ましのために、妻に『千夜一夜物語』(アラビアンナイト)を読んでもらいながら書いたという話が残っています。

オペラの中にあるアリアや二重唱、三重唱、合唱などはどれも非常に美しい。たとえばドン・ジョヴァンニがツェルリーナを誘惑する歌などは、最高級の甘美なアリアです。こんな歌で口説かれれば、どんな女性でも落ちてしまうと思わせます。彼の歌は他にも素晴らしいものばかりです。部屋の中にいる女性に向かって、窓の下でリュートを奏でながら歌うセレナーデも痺《しび》れるほどに美しい。こういう曲を聴いていると、モーツァルト自身がドン・ジョヴァンニになりきって作曲しているとしか思えません。

さて、物語は第二幕の後半から意外な展開を見せます。ドン・ジョヴァンニが放蕩の限りを尽くして、屋敷に戻ろうとした時、夜の墓地で「お前の悪事も今宵《こよい》までだ」という不思議な声を聞きます。しかし周囲には誰もいません。見ると、自分が刺し殺した騎士長（ドンナ・アンナの父）の石像が立っています。さては今の声はこの石像かと思ったドン・ジョヴァンニは面白がって、石像を晩餐《ばんさん》に招待します。このあたりから物語全体は不気味な恐怖が漂い始めます。そして第二幕の最後にその石像が屋敷を訪れるシーンで、恐怖は最高潮に達します。

第二幕のラスト近く、屋敷でご馳走を頬張《ほおば》っているドン・ジョヴァンニのもとへ、かつて捨てた女性ドンナ・エルヴィラがやってきて、「悪い行ないをやめて改心してほしい」と懇願します。しかしドン・ジョヴァンニは彼女の真摯な願いをからかって弄びます。そこへ石像が現れます——。

このシーンのモーツァルトの音楽の迫力と言ったらありません。まさしく戦慄すべき凄まじさです。それまでの明るく軽快な音楽は吹き飛び、舞台全体が一気にただならぬ空気に包まれます。

ドンナ・エルヴィラは悲鳴を上げて逃げ去り、レポレロは恐怖に慄いてテーブルの下に隠れますが、ドン・ジョヴァンニだけは微塵も恐れることなく、石像に「部屋に入れ」と言って招き入れます。そして石像に言われるまま手を差し出しますが、石像に手を摑まれた瞬間、その冷たさに驚きます。石像はドン・ジョヴァンニの手を摑んだまま「改心せよ」と迫りますが、彼は「いやだ」と言います。石像はさらに強く迫りますが、ドン・ジョヴァンニは断固として拒否します。このあたりの劇的な恐ろしさは、他のモーツァルト作品からは聴くことができません。息をするのも忘れるほどです。そして音楽が最高潮に盛り上がったところで、ついにドン・ジョヴァンニは業火《ごうか》に焼かれ、地獄に落ちていきます。すべてが終わり最後の和音が消えたあとは、誰しもが大きく息を吐《は》くのではないでしょうか。

オペラはこのあとすべての登場人物たちが出てきて、「悪事をなす者の最後はこのようなものだ」という六重唱があり、それぞれのその後の生き方を歌って大団円になります。

ヒロインは犯されたのか？

ところで、これほど恐ろしいオペラなのに、モーツァルト自身は「ドラマ・ジョコーソ（喜劇的なオペラ）」と名づけています。なぜこれが喜劇なのか。私はここに彼独特の皮肉なユーモアを見る気がします。なお、このオペラには「プラハ初演版」と「ヴィーン再演版」の二つがあります。いくつかアリアや二重唱の有無の差はありますが、全体として大きな違いはありません。ただ、一説には、モーツァルト自身がヴィーンで指揮して演奏した時には、最後の六重唱がなかったと言われます。つまり、ドン・ジョヴァンニの地獄落ちで終幕したというわけです。

実は私はそのラストこそが「ドン・ジョヴァンニ」のドラマにふさわしい終結と思っています。というのは、最後の道徳的なセリフはとってつけたような感じがしてならないからです。ドン・ジョヴァンニは己《おのれ》の信念に基づいて生き、悪に徹し、そして最後まで後悔も改心もすることなく地獄に落ちる――物語はそこで終わるべきなのです。これは私の想像ですが、当時はそんな身《み》も蓋《ふた》もない終わり方は、多くの聴衆に支持されなかったのではないでしょうか。それに喜劇オペラの最後は、すべての登場人物が出てきて大団円を迎えるのが通例です。それで仕方なく、モーツァルトも明るい六重唱を書いたのではないでしょうか。ちなみに映画『アマデウス』でモーツァルトが演奏する場面がありますが、そこでは地獄落ちで終わっています。そして聴衆が呆然としている様子が描かれています。

このオペラは一八世紀に作られたとは思えないほど現代的です。主人公のドン・ジョヴァンニはまさしく今風の小説に出てくる悪徳キャラクターです。また彼の影の分身とも言える従者レポレロも現代人のような人物造形です。彼の歌はどれも非常に諧謔的です。おどけた調子で歌いながらも皮肉いっぱいで、主人であるドン・ジョヴァンニの悪事に呆れながらも、その行為に対してどこか誇らしげでもあり、その性格は屈折しています。そんな複雑なレポレロの性格をモーツァルトは音楽で見事に表しています。

劇中に彼が歌う「カタログの歌」というアリアがありますが、これは主人であるドン・ジョヴァンニがこれまでどれだけの女をものにしてきたかという記録を読み上げる歌なのですが、ここでのレポレロはまさに得意絶頂なのです。しかしいっぽうでは、主人に対して常に不満と不平だらけで、オペラの冒頭は彼の「昼も夜もこきつかわれて」というアリアから始まります。余談ですが、ベートーヴェンは晩年の大傑作「ディアベリ変奏曲」の中で、第二二変奏にこの歌のメロディーを拝借しています。実はベートーヴェンに曲を依頼したディアベリが毎日のように「曲はいつできる?」と催促するので、皮肉の意味でこのメロディーを挿入したのです。このことを見ても、ベートーヴェンは「ドン・ジョヴァンニ」を嫌いながらも、その音楽はちゃんと調べていたのがわかります。

また女性たちのキャラクターもきわめてリアルです。ドン・ジョヴァンニに捨てられて彼を憎みながら彼を追わずにいられないドンナ・エルヴィラや、愛する許嫁がいながらドン・ジョヴァンニに体を許そうとするツェルリーナという女性は、これまでのオペラに出てくる女性とはひと味違います。

ところで、父を殺されて復讐を誓うドンナ・アンナは、実はドン・ジョヴァンニに犯されていたとする説を唱える研究家たちが少なくありません。彼女のドン・ジョヴァンニに対する感情は愛憎が入り混じったものであるからというのですが、これは深読みがすぎると思います。私にはドンナ・アンナのセリフの中に、そんな感情は読み取れません。

ただ、ドン・ジョヴァンニがドンナ・アンナを犯していたというのは一部に肯《うなず》けるものがあります。というのはドン・ジョヴァンニはドンナ・アンナにはまったく興味を示さないからです。彼は狙った女に対しては呆れるほど執拗ですが、ものにした女にはまったく関心を払いません。つまりドンナ・アンナにまったく執着しないのは目的を達したからだと見えなくもないのです。

そうだとすれば、このオペラには、ドン・ジョヴァンニに犯された女、捨てられた女、誘惑される女の、三人の女が登場していることになります。そうして音楽を聴くと、モーツァルトが、三人の女――「自分を犯した男に復讐を誓う女」「自分を捨てた男を憎みながらも憎み切れない女」「婚約者を愛しながら誘惑に負けそうになる女」――を見事に描き分けているのがわかります。女を描かせたら、モーツァルトの右に出るオペラ作曲家はいないでしょう。

地獄落ちの恐怖を感じさせる演奏

この曲もまた名盤が多い。音は悪いですが、ヴィルヘルム・フルトヴェングラー指揮ヴィーン・フィルハーモニー管弦楽団のライブ録音が何とも凄いです。彼のライブ録音は何種類かありますが、そのどれもが、「ドン・ジョヴァンニ」の暗く悲劇的な部分を抉《えぐ》ったデモーニッシュ（悪魔的）な演奏です。六〇年以上も前の録音ですが、地獄落ちの恐ろしさはフルトヴェングラーを超える演奏はありません。

オットー・クレンペラー指揮ニュー・フィルハーモニア管弦楽団の演奏もいい。重厚なテンポで押し進める音楽には、「ドラマ・ジョコーソ」の雰囲気はまるでありませんが、これも偉大な演奏です。

音のいい録音では、ヘルベルト・フォン・カラヤン指揮ベルリン・フィルハーモニー管弦楽団の演奏が素晴らしい。他にはカルロ・マリア・ジュリーニ指揮フィルハーモニア管弦楽団、ベルトラン・ド・ビリー指揮ヴィーン放送交響楽団の演奏も見事です。

ベルトラント・ド・ビリーが二〇〇八年にザルツブルク音楽祭においてヴィーン・フィ

ルハーモニー管弦楽団で演奏をした時は、地獄落ちのシーンで終幕しています。この時のライブはＤＶＤになっていて、映像でも観ることができます。ただし演出は現代を舞台にしています。

ドビュッシー「牧神の午後への前奏曲」

夏の昼下がりのような、けだるさが漂う曲

描かれたのは性の夢か

夏の休日の昼下がり、ソファーの上に体を横たえて、ぼんやりとまどろみながら、けだるい時を過ごすということは誰にでもあるのではないかと思います。ソファーから立ち上がる気も起きず、眠りとも休息とも言えない不思議な心地よさの中に漂いながら、時がゆっくりと流れていくのを感じる午後に、ほのかに漂うエロティックな空気――。

私にとって、そんな気分を見事に表した曲があります。クロード・ドビュッシー（一八六二―一九一八）の「牧神の午後への前奏曲」です。

ドビュッシーは同時代のラヴェルと並んで、「印象派」の作曲家と呼ばれています。当

時、印象派という言葉は褒《ほ》め言葉ではなく、「ぼんやりしている音楽」という意味で使われた揶揄《やゆ》の言葉です。のちにドビュッシー自身が手紙の中で、この言葉に対して否定的なことを書いています。

確かに二人の音楽はそれ以前の時代の音楽と比べると調性が曖昧《あいまい》で、輪郭がはっきりしないイメージを与えます。それが好きではないと言う人もいますが、逆にその魅力にはまる人もいます。私自身はそのあたりは微妙です。非常に惹かれる曲もあれば、何がいいのかわからない曲もあります。特にドビュッシーに関してはそうで、彼の代表的ピアノ曲である二つの「前奏曲集」（合計二四曲）も、実に美しいと感じる曲もあれば、無意味に鍵盤の上を指が踊っているとしか聴こえない曲もあります（ドビュッシー好きの皆さん、ごめんなさい）。

「牧神の午後への前奏曲」は管弦楽曲ですが、ドビュッシーのピアノ曲と同様、全体がぼやけた感じがあります。しかしこの曲の魅力はそこにあります。そもそもはフランスを代表する詩人マラルメの詩『半獣神の午後』に感銘を受けたドビュッシーが、その印象を音楽にしたものです。

詩の内容を簡単に記しますと、「ある夏の昼下がり、眠りから覚めた牧神が葦笛《あしぶえ》を吹こうとした時、水浴びする美しいニンフ（女性の姿をした森の妖精）を見る。牧神は二人のニンフを抱えて薔薇の茂みへと消えるが、ニンフは彼の腕をすり抜けて逃げていく。取り残された牧神は美の女神を抱く夢想にまどろみながら再び眠りへと落ちていく」といったものです。牧神とは「パーン」とも呼ばれるギリシャ神話に登場する羊飼いと羊の群れを監視する半獣神です。上半身は人間の姿をしていますが、下半身は四足の動物で頭には山羊《やぎ》のような角《つの》を持っています。

マラルメの詩に描かれている光景は夢か現実かも定かではありません。ドビュッシーはそんな幻想的でエロティックな情景を音楽にしています。私の大好きな曲で、一〇分くらいの短い曲ながら、これを聴くと、不思議な世界の中に連れて行かれる気がします。

曲は目覚めた牧神が笛を吹くフルートのソロから始まりますが、このメロディーはまさに夏の昼下がりにぼんやりと目を覚ました何とも言えないけだるい雰囲気を醸《かも》し出しています。

私は楽器のことは詳しくありませんが、この曲の冒頭に使われている「嬰《えい》ハ」の音は、フルートという楽器の構造上、非常に響きが悪い音が出るということです。そんな専門的なことは知らなくても、この音の奇妙な響きには誰でもはっとさせられるでしょう。本来フルートという楽器は高く美しい音を出す木管楽器《もっかん》ですが（現代は金属で作られている）、ここでは低い中間音が使われていて、それがまた独特の効果を生んでいます。

曲はフルートのソロにホルンとハープが加わって、音楽はさらに夢幻的《むげんてき》とも言える世界を醸し出します。この部分はヴァーグナーの楽劇「トリスタンとイゾルデ」を彷彿《ほうふつ》させます。もしここだけを聴けば、「トリスタンとイゾルデ」のワンシーンだと思うでしょう。成就することのない愛を描いたトリスタンの和音をドビュッシーが借りたのは偶然ではないと思います。

牧神は愛と欲望のままに美しいニンフを追いかけます。フルートとハープに混ざってヴァイオリンが艶《なま》めかしい旋律を奏でます。それは牧神に抱かれるニンフか、それともニンフを手に入れたと思っている牧神の夢でしょうか。

音楽は幻想的でエロティックな雰囲気をいっぱいに漂わせながら進んでいきます。

しかしやがてニンフはいずこかへと去り、牧神は森の中に一人残されます。彼は再び眠りに落ちていき、曲は静かに終わるのですが、そのあたりのムードがたまりません。まるですべては昼下がりの夢の中の出来事であったかのようです。

二人の女性がピストルで自殺未遂

ところで芸術作品を論ずる場合、「人間性と作品は別である」ということがよく言われます。これはある意味で正しいと思う反面、やはりその作品にはどこかで作者の生き方が反映されているのではないかという気もします。ただ、私の小説に私自身がどこまで出ているのかは自分ではわかりません。友人や家族に言わせると、時々「百田尚樹」が顔を出すことがあるということです。

なぜいきなりこんなことを書いたのかと言いますと、ドビュッシーは非常に好色な男だったからです。「好色」は言い方が悪いので別の表現をすると、「恋多き男」でした。もっともクラシック音楽の巨匠たちに「女好き」は珍しくありません。ベートーヴェンもリストもヴァーグナーも生涯に何度も恋しています。ただ、ドビュッシーの場合、個人的にどことなく陰湿な感じがします。というのは、彼と関係を持った女性たちの多くが不幸な運命を辿っているからです。

ドビュッシーは若い頃から女性が好きで、一八歳の時から年上の人妻と八年間も情事を楽しんだあと、ガブリエル・デュポン（愛称ギャビー）という女性と同棲します。彼女は不遇だったドビュッシーの才能を見抜き、さまざまな内職をして彼を支えます。しかしドビュッシーは何度も浮気でギャビーを苦しめたあげく、彼女を捨ててマリー・ロザリー・テクシエ（愛称リリー）という女性と結婚します。ギャビーはピストル自殺を図ります（命は取り留《と》める）。

リリーもまた貧しい家計を懸命にやりくりしてドビュッシーを支えます。古い言葉で言えば「糟糠《そうこう》の妻」です。しかし彼女もまたドビュッシーの浮気に苦しめられます。やがて音楽家として成功したドビュッシーの前にエンマ・バルダック夫人が現れます。エンマはもともとドビュッシーがピアノを教えている生徒の母親でした。社交界でも有名な彼女の魅力に参った彼はリリーを捨て、エンマと駆け落ちします。不思議なことにリリーもまたピストル自殺を図っています（これも未遂で終わっている）。

小説やドラマでは捨てられた女が自殺するというのは定番のプロットですが、現実にはそうそうあるものではありません。ところがドビュッシーと別れた女性が二人もピストル自殺を図っています。これはどういうことなのでしょうか。

ただ二人とも自殺には成功していません。実は自殺と自殺未遂は大きな違いがあります。というのは世の中には、自分を捨てた男の気持ちを振り向かせるために自殺未遂を企《くわだ》てる女性というのが少なからず存在するからです。ギャビーとリリーがそうであったとまでは言えませんが、二人ともエキセントリックな性格だった可能性はあります。もしそうならドビュッシーはそういうタイプに惚れる男であったと言えます。

もちろん違う見方もできます。二人の女性がピストル自殺を図るくらい、ドビュッシーはひどい捨て方をしたのかもしれません。そのあたりの真相はわかりません。

ただドビュッシーも一時期とはいえ彼女たちを愛したことは間違いありません。彼の代表作である「前奏曲集」第一巻の第八曲「亜麻色《あまいろ》の髪の乙女」は、亜麻色の髪をしたギャビーをモティーフに作られた曲と言われています。また、彼の代表作である管弦楽曲「夜想曲」の署名入り楽譜には、「私の愛《いと》しいリリーのものである」と書かれています。そしてエンマとジャージー島に駆け落ちした時に作ったピアノ曲が「喜びの島」です。ジャージー島で不倫の相手との愛の喜びを歌った曲なのでしょう。

ドビュッシーはのちにこう語っています。

「私は結婚に不向きな人間だ。芸術家は自由でなければならない」

私はこの言葉には苦笑せざるを得ません。悪妻に苦しめられた男が言うならわかります。また結婚生活を続けようと努力したにもかかわらず上手くいかなかった男の言葉なら理解もできます。しかし妻に支えられながら浮気を繰り返し、あげくはボロ雑巾《ぞうきん》のように捨ててしまう男性が口にすると、それはどうなのかなあと思ってしまいます。

私はドビュッシーの女性関係を非難する気はありません。所詮《しょせん》は男と女の話です。他人が口出すものではないし、私自身、人の生き方をとやかく言えるほど道徳的に非の打ちどころのない男ではけっしてありません。

長々と書いたのは、「牧神の午後への前奏曲」の好色な牧神に、ドビュッシー自身の姿が投影されているのではないかと思ったからにほかなりません。欲望のままにニンフたちを追いかけ、やがて彼女たちに逃げられて再び眠りにつく牧神の姿は、ドビュッシーの人生を象徴している曲ではないかという気がするのです。そしてなぜか私はこの曲に惹かれます。こんな不思議なムード漂う音楽は他では聴けません。

なおのちに不世出のバレエダンサーであるヴァーツラフ・ニジンスキーがこの曲に合わせて自らの振付でバレエ「牧神の午後」を上演していますが、この時、ニジンスキーは曲の終盤であからさまな自慰行為を表現し、大スキャンダルとなりました。当時の上品なバレエの舞台で自慰の振付は斬新すぎる芸術表現でしたが、狂気の天才ニジンスキーは、「牧神の午後への前奏曲」の中に、エロティックな何かを感じ取ったのでしょう。ちなみにニジンスキーはのちに統合失調症を患《わずら》い、三〇歳で精神科病院に入り、以後病院をたらい回しにされて六〇歳で死亡していますが、それはこの曲とは関係ありません。

ただ、「牧神の午後への前奏曲」はかなりエロティックなムードが漂う曲であることは確かです。

エロティックな情景が目に浮かぶ

この曲も名盤が多いです。ジャン・マルティノン指揮フランス国立放送管弦楽団の演奏が素晴らしい。フルートもハープも実に美しく、夏の昼下がりのけだるさ、そしてまどろみの中でエロティックな情景が目に浮かぶほど表現されています。

ヘルベルト・フォン・カラヤン指揮ベルリン・フィルハーモニー管弦楽団の演奏は、いつもながらオーケストラの上手さに舌を巻きます。もちろんカラヤンの指揮にも文句のつけどころがありません。

他にシャルル・ミュンシュ指揮ボストン交響楽団、ピエール・ブーレーズ指揮クリーヴランド管弦楽団の演奏もいい。

ヴァーグナー「トリスタンとイゾルデ」

退屈なドラマを一変させる凄い曲

人を虜《とりこ》にする魔力を持った音楽

「ヴァグネリアン」という言葉があります。これはリヒャルト・ヴァーグナー（一八一三―八三）の熱狂的なファンを指す名詞で、驚いたことに一般的な英和辞典にも載っています。実はかく言う私もヴァグネリアンの一人です。しかしいっぽうでヴァーグナーくらい嫌な男はいないと思っています。天才的な芸術家というものはたいていどこか常軌を逸したところがあり、その破天荒さが魅力の一つでもありますが、ヴァーグナーの場合は、その俗物性に辟易《へきえき》とさせられます。

たとえば彼は女たらしですが、開放的な女好きではなく、しばしば他人の妻を奪っています。それも自分が世話になった恩人の妻や自分を慕《した》ってやってきた弟子の妻です。しかもいずれも自分が不遇な時代に手を差し伸べてくれた人たちです。普通なら、たとえそういう女性たちと恋に落ちても自制心が働くものですが、ヴァーグナーはいっさいおかまいなしです。また実に口がうまく、他人から借金する能力に抜群に長《た》けていました。そしてその金を使って王侯貴族のような生活をし、しかもほとんどの借金を踏み倒しています。

彼の嫌な性格はまだあります。非常に嫉妬《しっと》深く、他人の成功を妬《ねた》み羨《うらや》む気持ちが異常に強いのです。また一度でも批判されたり、作品を低く評されたりすれば、その人に対する恨《うら》みの気持ちをずっと忘れませんでした。そのいっぽう、受けた恩義はあっさりと忘れます。まあ、これほど嫌な奴もちょっといません。友人には絶対にしたくないし、知り合いでもご免《めん》です。

ところが――です。その音楽を聴けば、彼への嫌悪などたちどころに消えてしまうのです。もう「好きにしてください」という気持ちにさえなってしまいます。ヴァーグナーを直接知らない私でさえそうなのですから、同時代にヴァーグナーと出会った人たちは、たちどころにその「魔力」にやられたのも仕方がないと思います。いや、天才的「人たらし」の魔力に逆らえる人はいなかったのではないでしょうか。

一九世紀最大の哲学者ニーチェも彼に心酔した一人ですし（のちに決別しているが、それでもその影響力からは逃れられなかった）、バイエルン王国のルートヴィヒ二世は国が傾《かたむ》くほどの資産をヴァーグナーに注ぎ込みました。彼は非常に賢明な王でしたが、最後は精神を病《や》み、謎の死を遂げます（一説には暗殺されたとも言われる）。今日、ヴァグネリアンの聖地と言われるバイロイト祝祭劇場（毎年、夏にヴァーグナーの楽劇だけを演奏する劇場）はルートヴィヒ二世が建てました。この劇場はヴァーグナーが自らの楽劇を演奏するための理想的な劇場です。

馬鹿馬鹿しいセリフに最高の音楽

ヴァーグナーの人間性についていろいろと語ってきましたが、彼の音楽は非常に個性的で先進的です。それまで誰もやらなかった斬新な和音を次々に繰り出し、クラシック音楽の世界に革命的な変化を与えました。またそのドラマは恐ろしくロマンティックで、異様な濃厚さに満ちています。今回、紹介する楽劇「トリスタンとイゾルデ」もその一つです。

もともとはヨーロッパに昔から伝わるケルト伝説で、騎士トリスタンと王妃イゾルデの悲恋物語です。この伝説は多くの詩人や劇作家がアレンジしていて、シェークスピアの『ロミオとジュリエット』もこの伝説をもとに作られたと言われています。

ヴァーグナーの楽劇では、コーンウォールの勇敢な騎士トリスタンはアイルランドとの戦いで敵国の騎士を殺しますが、自らも瀕死の重傷を負って倒れます。それをアイルランドの王女イゾルデが見つけますが、実はトリスタンが殺した騎士はイゾルデの許嫁でした。しかしイゾルデは仇《かたき》を討つことができずに、逆に彼の傷を治します。トリスタンは美しい心を持ったイゾルデを、尊敬するマルケ王（トリスタンの伯父）の妻にしようと決意します。そしてイゾルデは戦いに敗れたアイルランドからコーンウォールへと、トリスタンの乗る船で運ばれます。

第一幕はこの船の中の物語です。イゾルデは敵国の王の妻とされる身の上を嘆いています。しかも自分をそこへ連れて行くのは、許嫁を殺した男であり、自分が命を救った男です。船室にやってきたトリスタンをイゾルデは詰《なじ》ります。トリスタンは彼女の許嫁を殺した申し訳なさもあり、また命の恩人でもあるイゾルデに何も言い返すことはできません。トリスタンは死をもって償《つぐな》おうとし、イゾルデの用意した毒薬を飲みますが、イゾルデもまた共に死のうと毒薬を呷《あお》ります。しかしその毒は咄嗟《とっさ》にイゾルデの侍女《じじょ》がすり替えた愛の薬でした。そうとは知らずに飲んだ二人はお互いを激しく求め合います。二人が激しい愛の交歓を行なった直後、船はコーンウォールの港に着く。歓迎する港の人々の声に、トリスタンとイゾルデは自らの行ないに愕然とするところで第一幕が終わります。

第二幕はコーンウォールの城です。イゾルデはマルケ王の妃《きさき》となっていますが、心はトリスタンにあります。そして毎夜、トリスタンがイゾルデの寝室にやってきて、二人は愛を交わします。しかしやがてその行ないはマルケ王の知るところとなり、トリスタンはマルケ王の家来の剣で傷つき、そこで第二幕が終わります。

第三幕はコーンウォールを追われたトリスタンが故郷で瀕死の状態でイゾルデを想うところから始まります。譫妄《せんもう》状態に陥《おちい》ったトリスタンはイゾルデが船でやってくる幻想を見て狂喜し、その喜びの中で息絶えます。しかしそれは幻想ではありませんでした。実際にイゾルデはマルケ王と共にやってきたのです。マルケ王は、トリスタンとイゾルデが愛の薬でそうなったことを知り、すべてを許そうと思ってやってきたのですが、間に合いませんでした。イゾルデは死んだトリスタンの体を抱き、「愛の死」を歌いながら恍惚となって、自らも息絶えます。

何とも大時代的なロマン物語です。台本だけを読んでいると、あまりに古臭いメロドラマに辟易します。第一幕でイゾルデはトリスタンを詰りますが、そのセリフをじっくり読んでいると、イゾルデが本当はトリスタンが好きでたまらないのがすぐにわかります。その好きな男が自分に好きとも言わずに、別の男の妻に差し出そうとしているのが悔《くや》しくてならないのです。トリスタンもまたイゾルデが好きなのですが、彼女の許嫁を殺した自分は彼女をものにすることはできないと思っています。そして尊敬するマルケ王の妻にして、コーンウォールの王妃につけようと考えているのです。そんな二人の会話はお互い好き同士なのにそれを言うことができない少年少女のそれに似ています。結局、トリスタンはイゾルデに詰られるままに、「死ねばいいんだろう」的な気持ちで毒盃を呷りますが、イゾルデもまた「私も死んでやる」とばかりに一緒にそれを飲みます。台本だけを読んでいると、はいはい、勝手にやってくれや、という気分になります。

ところが、これを音楽で聴くと、すべての印象ががらりと変わります。互いに愛し合いながら、トリスタンは騎士としての名誉のためにそれを口にすることができない苦しさ、そしてまたイゾルデも死んだ許嫁のためにもトリスタンを愛しているとは認めたくない苦悩が、聴く者の心に鋭《するど》く突き刺さるのです。二人の極限状態の愛の苦しみを「音楽」がえているのです。その苦しみが頂点に達した時、トリスタンは死を決意しますが、それを見てイゾルデもまた彼と共に死のうとします。しかし前述のように二人が飲んだ薬は愛の薬でした。

これは台本上では媚薬となっていますが、実質は二人がまとっていた「誇り」「プライド」「しがらみ」「建前」などのいっさいの抑制が消し去られる薬と解してもいいかもしれません。ここで二人が発する言葉がそれを象徴しています。

「トリスタンの栄誉をなぜ夢見たのか」

「イゾルデの恥辱をなぜ夢見たのか」

まさしく二人は愛のためにすべてを擲《なげう》ったのです。二人は互いに名前を呼び合い、抱き合います。ここの音楽の素晴らしさは、もうとても言葉にはできません。あらゆる芸術の中で、音楽でなければ表現できない最高のものとなっています。まさに麻薬のような魅力です。

第二幕も第一幕同様、台本だけを読んでいると馬鹿馬鹿しくて呆れてきます。二人は夜の闇の中で互いに愛の言葉を交わしながら抱き合います。そのセリフの一部を抜き書きしてみましょう。

「あたしが感じているのは本当のあなた?」

「君を見ているのは僕自身？」

「これがあなたの目？」

「これが君の口？」

「ここにあなたの手？」

「ここに君のハート？」

「あたしなの？　あなたなの？　あたし、あなたをしっかりつかまえている？」

「僕なのか、君なのか？　まやかしじゃないのか？」

こんな言葉が延々と（本当に延々と）繰り広げられます。とてもじゃないが読んでいられません。ところが第一幕と同様、音楽を聴けば印象は一変します。そこには男と女の愛の最高の形があります。少なくとも音楽を聴いている限り、そう確信させる不思議な力があります。

第三幕も同様、イゾルデの歌う「愛の死」などは台本を読めば、欠伸《あくび》が出るほどつまらない。しかし音楽を聴くと、この世のものとは思えない愛の法悦境とも思える世界を味わえます。

「トリスタンとイゾルデ」は文学的にも評価が高く、不倫の愛を形而上的な高みにまで引き上げた作品と言われています。しかし私は正直に言って台本ではそこまで読み取れません。ですが、音楽を聴けば、これがいかに素晴らしいドラマであるかがわかります。ちなみにこの曲を書いている時、ヴァーグナーは恩人であるヴェーゼンドンクの妻マティルデと愛人関係にありました。ヴァーグナー自身も妻がいたからダブル不倫です。つまり彼は自らの愛欲状況を音楽で昇華させたのです。

また彼はこの曲であらゆる和音を完成させたとも言われています。ただ、この音楽をはじめて聴く者は、間違いなく退屈します。というか、まず聴いていられません。というのも全曲にわたって半音階が使用され、普段私たちがメロディーと思っているような旋律はほとんど出てこないからです。モーツァルトやベートーヴェンの音楽とはまるで違う不思議なハーモニーです。どこが頭やら尻尾やらわからない意味不明の音楽が切れ目なしに何十分と続きます。これこそ、けっして成就することのない愛を描くためにヴァーグナーが行なった「無限旋律」と呼ばれるものですが、ひとたびその音階の魅力にはまると、もう抜け出せません。その効果たるや、恐ろしいものがあって、まさしく「麻薬的な魅力」と言えるものです。これこそ現代に至るも多くのヴァグネリアンを生み出している魔力です。

経験を積んでいるからこその表現

これほどの名曲であるから名演は数多い。まずはヴィルヘルム・フルトヴェングラー指揮フィルハーモニア管弦楽団の演奏を挙げましょう。この演奏ほど男と女の愛欲図が深く表現されているものもありません。相当な経験（いろんな意味で）を積んでいないと、とてもできない演奏です。

カルロス・クライバー指揮ドレスデン国立歌劇場管弦楽団の演奏は全曲にわたって鬼気迫るものです。特に第一幕のトリスタンとイゾルデが結ばれるシーンは凄まじいものがあります。第二幕のイゾルデが「たとえ死んでもかまわない」と言って灯火を消すシーンもとてつもない凄さです。クライバーはバイロイト祝祭管弦楽団やヴィーン国立歌劇場管弦楽団でのライブ演奏が残っており、音は悪いですが、スタジオ録音以上の凄さがあります。

ヘルベルト・フォン・カラヤン指揮ベルリン・フィルハーモニー管弦楽団の演奏はとことん美しさを追求したものです。それは耽美的とも言えるものです。他にはカール・ベーム指揮バイロイト祝祭管弦楽団、クリスティアン・ティーレマン指揮ヴィーン国立歌劇場管弦楽団の演奏が素晴らしい。

新しい録音では、アントニオ・パッパーノ指揮コヴェント・ガーデン王立歌劇場管弦楽団の演奏がいい。当代一のテノールの一人であるプラシド・ドミンゴがトリスタンを歌っているのも魅力です。

ホルスト「惑星」

なぜかエロティックな雰囲気になる曲

作曲者の死後三〇年経って、人気曲に

クラシック音楽の人気曲は一八世紀から一九世紀の曲がほとんどですが、グスターヴ・ホルスト（一八七四—一九三四）の「惑星」は二〇世紀に書かれた数少ない人気曲の一つです。実はこの曲は初演こそ好評だったものの、その後は特に人気を博すわけではなく、またあまり評価もされず、作曲者の死後、急速に忘れられました。

「惑星」が人々に知られるようになったのは、ホルストが亡くなって約三〇年後の一九六一年、指揮者ヘルベルト・フォン・カラヤンが演奏会でこの曲を取り上げ、その後にヴィーン・フィルハーモニー管弦楽団の演奏でレコーディングしたのがきっかけです。当代一

の人気指揮者が演奏したということで注目が集まり、「惑星」の持つ魅力に多くの人が気づいたというわけです。

同じような例では、イタリアのイ・ムジチ合奏団が録音した「四季」のレコードが、長い間忘れられていたヴィヴァルディの再評価につながったことがありましたが（『クラシックを読む2』で詳しく説明します）、クラシック音楽界では優れたレコードが歴史の中に埋もれていた名曲に光を当てるということがしばしばあります。レコードのない時代においても同様で、長らく忘れられていたバッハが再評価されたのは、一九世紀にメンデルスゾーンが「マタイ受難曲」をおよそ一〇〇年ぶりに復活演奏したことがきっかけとなっています。

ところで、これは私の想像ですが、一九六〇年代に「惑星」が急速に人気を得たのは、当時のソ連とアメリカの二大国による宇宙開発計画も背景にあったのではないかと思います。カラヤンが「惑星」を演奏会で取り上げた一九六一年、ソ連が宇宙船ボストーク一号で人類初の有人宇宙飛行を成功させて世界を驚かせましたが、その後、アメリカもソ連に負けじと総力を挙げます。そして一九六九年にアメリカの宇宙船アポロ一一号が月面着陸し、人類がはじめて月に降り立つことになりますが、この間、世界の人々は宇宙や星々に強い関心を持つようになりました。「惑星」は、そうした時代の空気にまさにどんぴしゃりの曲だったのではないでしょうか。

「惑星」は管弦楽による組曲で、「火星」「金星」「水星」「木星」「土星」「天王星」「海王星」の七つの曲からなります。作られたのは一九一四〜一六年と言われますが、曲全体は非常に聴きやすいメロディーでできています。同時代のドビュッシーやストラヴィンスキーなどの当時の最先端を行く作曲家の音楽と比べると、明らかに古臭く、当時高く評価されなかったのも肯《うなず》けます。

というのもクラシック音楽は常に進化を要求される面があり、古い技法や書法で書かれた音楽は評価されないのです。古い形式や単純な調性を用いてメロディーを重視した音楽は、専門家や学者の間では軽視されました。

たとえば一九〇一年に作曲されたラフマニノフの「ピアノ協奏曲第二番」も、発表当時は音楽評論家や同時代の作曲家たちに「アナクロニズム（時代錯誤）」「前世紀の遺物」とさんざんに酷評されています。しかしそれから約一〇〇年経った現在、同曲は「二〇世紀を代表する名曲の一つ」となっています。こういうのを見ていると、芸術作品の評価というのは何だろうと思います。

ホルスト自身のお気に入りは？

話を「惑星」に戻しましょう。女学校の音楽教師であったホルストは三九歳の時に占星術にはまり、その影響でこの曲を書きました。太陽系の惑星にはすべてローマ神話の神の英語名がつけられていますが、ホルストは「惑星」のそれぞれの曲に、それらの神のイメージを持たせて書いたと思われます。

第一曲「火星」は非常に不気味な旋律から始まります。変則的な五拍子のリズムが弦楽器とティンパニによって連続的に打ち鳴らされ、聴く者の不安を煽ります。それもそのはず、「火星」には「戦争をもたらす者」という副題がついています。というのも火星はローマ神話では「戦争の神」マーズです。この曲が作られた当時、ヨーロッパは第一次世界大戦の真っ最中で、その空気が「火星」の中にあるとも言われます。しかし今日聴くと、「火星」はそのまま映画『スター・ウォーズ』のテーマ音楽に使っても何の違和感もない気がします。冒頭を飾るにふさわしい名曲だと思います。

第二曲「金星」は打って変わって静かで安らかな雰囲気を持つ曲です。金星はローマ神話では「美の女神」ヴィーナスであり、この曲の副題もまた「平和をもたらす者」です。

それで曲もアダージョ（ゆるやかに）からラルゴ（幅広く、ゆるやかに）というゆったりしたテンポが取られています。全体の緩徐楽章に相当します。

第三曲「水星」はローマ神話ではマーキュリーであり、「風の神」あるいは「旅人の守護神」ともされています。一九六〇年代のアメリカの宇宙開発計画「マーキュリー計画」の名前になっています。副題は「翼のある使者」です。この曲は全体のスケルツォに相当します。ちなみにホルスト自身が総譜を書いたのはこの曲だけです。というのも彼は腕の神経症のために筆が持てず、ほとんどの楽譜を口述で他人に書いてもらっていたのです。

なお、「惑星」は基本的に太陽から近い順に並べられていますが、「火星」と「水星」の順番だけが逆になっています（実際は水星が太陽に一番近い）。これはホルストが第一曲を激しい曲から始めたかったからという説と、地球から近い順に並べたという二つの説があります。

第四曲「木星」は「惑星」の中でもっとも人気が高い曲です。木星はローマ神話では「最高神」ジュピターですが、なぜか副題は「快楽をもたらす者」となっています。この曲もスケルツォ的な性格を持ち、冒頭は速いテンポで踊るような曲ですが、中間部に非常にロマンティックな旋律が流れます。この第四主題は重厚ですが、同時に崇高な雰囲気にも満ちていて、一度でも耳にすると忘れられません。

「惑星」という曲を知らない人でも、「木星」の中間部分は耳にした人は多いはずです。というのも過去に多くの編曲がなされて、ある意味ポピュラーになっているからです。たとえば、イギリスの愛国的な賛歌として広く歌われている「我は汝《なんじ》に誓う、わが祖国よ」の旋律もそうです。一九九七年にダイアナ元皇太子妃の葬儀が行なわれた時にも、オルガンに編曲されたものが演奏されています。日本でも本田美奈子《ほんだみなこ》や遊佐未森《ゆさみもり》のアルバムで、独自に詩をつけたものが歌われました。平原綾香《ひらはらあやか》のデビュー盤もこの旋律に歌詞をつけたもので、タイトルもそのものずばり「Jupiter（ジュピター）」でした。

余談ですが、私は自分の結婚披露宴で、好きな音楽を編集して会場に流しましたが、「木星」の中間部分はキャンドルサービスの時に流しました。私にとってもお気に入りの曲だったのです。

第五曲「土星」はローマ神話では「時の神（農耕の神）」サターンで、副題は「老いをもたらす者」です。まさに副題通り、暗く陰鬱《いんうつ》な曲です。中間部には、青春を回想するような優美なメロディーもありますが、けっして明るくはなりません。ホルスト自身は「惑星」の中で、「土星」をもっとも気に入っていたと言われています。

第六曲は「天王星」です。ローマ神話では「天を人格化したもの」ウラヌスであり、また「原初の最高神」ともされています。ホルストは副題に「魔術師」という奇妙な名前をつけています。全曲にわたって、不思議な踊りのような音楽が支配する楽しい曲です。この曲は同時代のフランスの作曲家ポール・デュカス（ホルストより九歳上）の名曲「魔法使いの弟子」の影響を受けていると言われています。「魔法使いの弟子」はウォルト・ディズニー製作のアニメーション映画『ファンタジア』（一九四〇年公開）でミッキーマウス扮《ふん》する魔法使いの弟子の魔法によって箒《ほうき》が永久に水を汲《く》むシーンに使われた音楽として有名です。「魔術師」という副題から想像すると、ホルストはデュカスの同曲のオマージュとして書いたのかもしれません。

第七曲「海王星」は、ローマ神話では「海の神」ネプチューンですが、副題は「神秘主義者」となっています。フルートの旋律に乗ってハープとチェレスタが神秘的とも言えるミステリアスな旋律をピアニッシモで奏でます。「惑星」の中でも独特のムードを持つ曲です。チェレスタは一八〇〇年代の後半に作られた楽器で、乱暴に言えば「鍵盤つきの鉄《てっ》琴《きん》」です。高音で鐘のような音が鳴ります。

またこの曲の後半には女性コーラスが入ります。これがまた神秘的な雰囲気を醸し出すのに凄い効果を上げています。それにしても、なぜ管弦楽曲に女性コーラスを入れたのでしょうか。もちろん作曲者自身が必要だと思ったからでしょうが、私には、ホルストが勤める女学校の教え子たちが参加できるようにという思いがあったからではないかという気がします。しかし「海王星」に女性コーラスがあるばかりに全曲演奏のハードルが高くなっているのも事実です（オーケストラは女性コーラスを雇わなければならない）。

ところで、読者の皆さんは一つ疑問を抱かないでしょうか。なぜ「惑星」には冥王星がないのか、と。

実はホルストが「惑星」を作曲した一九一六年には冥王星はまだ発見されていませんでした。冥王星が見つかったのは一九三〇年です。それを知ったホルストは「冥王星」を加えようと作曲を試みますが、脳卒中に倒れ、完成を果たせずに一九三四年に亡くなりました。そのため長い間、「惑星」は「科学的に内容が古い」と言われていました。そこでイギリス・ホルスト協会理事の作曲家コリン・マシューズが二〇〇〇年に「冥王星、再生する者」という曲を書きました。これをレコーディングした演奏家もいます。

ところが、二〇〇六年の国際天文学連合総会で惑星の定義が変更となり、「冥王星」は惑星ではなくなりました（準惑星扱いとなる）。つまりホルストの「惑星」は七六年ぶりに科学的に正しいということになったわけです。

ところで、私は昔からこの曲に妙にエロティックなものを感じます。惑星を描いた曲に、そんなものを感じるのは不思議な気がしますが、全曲に性的な空気が漂っている気がします。まさかと思われる読者の皆さん、一度「惑星」というタイトルを忘れて、この曲を聴いてみてください。この曲から「欲望」「羨望」「セックス」「陶酔」「淫靡」「けだるさ」といった雰囲気を感じないでしょうか。私はもしかしたらホルストはそうした性的なものをカモフラージュするためにあえて「惑星」というタイトルをつけたのではと思うことがあるほどです。それが当たっているかどうかは、読者の判断にお任せします。

「冥王星」つきの珍盤も

「惑星」の名演としてまず挙げなければならないのは、この曲を一躍人気曲にしたカラヤンがヴィーン・フィルハーモニー管弦楽団を指揮した演奏です。現代にはもっと優秀な録音がいくらでもありますが、この古い録音にはみずみずしい新鮮な響きがあります。カラヤンはその二〇年後にベルリン・フィルハーモニー管弦楽団で再録音していますが、こちらは豪華絢爛な名演奏となっています。

イギリスの指揮者エイドリアン・ボールトは「惑星」を得意としていて、生涯に五度録音しています。その全部は聴いていませんが、最後のロンドン・フィルハーモニー管弦楽団との演奏は素晴らしい。ズービン・メータがロサンゼルス・フィルハーモニー管弦楽団を指揮したものは、非常にダイナミックな名演です。他にもユージン・オーマンディ指揮フィラデルフィア管弦楽団、ロリン・マゼール指揮フランス国立管弦楽団、レナード・バーンスタイン指揮ニューヨーク・フィルハーモニックの演奏がいい。

サイモン・ラトル指揮ベルリン・フィルハーモニー管弦楽団の演奏は、前記のマシューズ作曲の「冥王星」がついている珍品です。

プッチーニ「ラ・ボエーム」

普通の若者たちを描いた、新時代のオペラ

パリの貧乏芸術家たちの青春

私はクラシック音楽の大ファンですが、オペラの熱烈な愛好家ではありません。特にイタリアオペラは苦手です。やたらと大仰《おおぎょう》に愛を叫ぶのが、今一つピンと来ません。あまり大きな声では言えませんが、大作曲家のヴェルディのオペラもそれほど積極的には聴きません。

とはいえ例外もあります。モーツァルト（彼の代表的オペラはイタリアオペラの形式を取っているが）、ヴァーグナー、リヒャルト・シュトラウスのオペラは大好きで、またビゼーの「カルメン」、ムソルグスキーの「ボリス・ゴドノフ」などもよく聴きます。今回は

そんな私の数少ないお気に入りのオペラを紹介します。ジャコモ・プッチーニ（一八五八―一九二四）の「ラ・ボエーム」です。

このオペラが書かれたのは一八九五年。ヨーロッパでも華やかな宮廷時代はとっくに幕が下り、近代化の波が押し寄せていました。ちなみに日本では明治二八年です。この頃になると、オペラの世界でも、かつてのお伽噺のような王子様や王女様が出てくる物語から、庶民の生活を描いた「ヴェリズモ・オペラ」と言われるドラマが作られ始めていました。「ラ・ボエーム」もその影響を受けたオペラで、舞台はパリの下町カルチエ・ラタン、登場人物たちは貧しい四人の男と二人の女です。ラストシーンで病気による死が出てきますが、物語全体には大きなドラマはありません。どこにでもいる若者たちの日常を描いた物語で、そういう意味では新しい時代のオペラと言えます。

第一幕はクリスマス・イヴの寒い夜です。貧しいアパートの屋根裏部屋に住む詩人ロドルフォはストーブに焼《く》べる薪《まき》がないために、劇作の原稿を燃やすところから始まります。「世界の損失だ」と友人の画家マルチェッロに冗談を言っているところへ、哲学者コッリーネ、音楽家ショナールがやってきて、ふざけあいます。いずれも家賃も払えない貧乏芸術家ですが、彼らは貧しいが明るさを失いません。皆、陽気で明日を夢見ています。このシーンのセリフと音楽は聴いていて（観ていて）ワクワクするくらい楽しいものがあります。

そこに家主が「たまった家賃を払え」と怒鳴り込んできますが、四人は上手にごまかした上に、家主が浮気をしていることを責めて、彼を追い出してしまいます。そんなドタバタがあったあとに、彼らはクリスマスの夜の街に繰り出そうとアパートを出ます。

しかしロドルフォは書きかけの原稿を仕上げてから行くと言って一人部屋に残りますが、そこに同じアパートに住む貧しいお針子娘《はりこむすめ》ミミが「燭《あかり》が消えたので、火を貸してほしい」とやってきます。はじめて会った二人は短いやりとりのうちに恋に落ちます。ここで歌われるミミのアリア（「私の名はミミ」）、続くロドルフォとの二重唱（「おお、麗しい乙女よ」）が、「これぞオペラ！」と言いたくなるほど素晴らしい。イタリアオペラが苦手な私でも無条件に感動してしまう見事なシーンです。やがて二人は手を取り合って、先に行った友人たちを追って、夜の街に繰り出します。

第二幕は、彼らが繰り出したクリスマス・イヴの繁華街です。四人の若者とミミは通りに面したカフェの席に座り、クリスマスを楽しみます。そこに一人の美しい女性が初老の男と共に現れ、隣の席に座ります。その女性はムゼッタと言い、マルチェッロのかつての恋人でした。二人は互いに意識し合います。ムゼッタは、自分がいかに美しく男を虜《とりこ》にする女であるかを歌いますが、これは実に艶めかしいアリアで（「私が街を歩けば」）、聴く者をとろけさせる魅力に満ちています。ムゼッタはその歌でマルチェッロをからかっているのです。マルチェッロは怒りをこらえるのに必死ですが、ミミはムゼッタが今もマルチェッロを愛しているのを見抜きます。

そしてマルチェッロ自身もまた自分が今もムゼッタを心から愛していることを知ります。アリアの最後で、二人は感きわまって互いの名を呼びますが、この場面の盛り上がりは凄い。マルチェッロとの愛を取り戻したムゼッタは、皆と一緒に店を出ます。

第三幕は、クリスマスの夜から二ヵ月ほど経ったある早朝です。一面雪に覆《おお》われた中に居酒屋があります。音楽は一転して暗いトーンです。居酒屋からはムゼッタの歌が聴こえます。店の中にはマルチェッロもいます。そこにミミが訪ねてきます。ミミはマルチェッロを外に呼び出して、「ロドルフォが焼き餅ばかり焼いて、私につらくあたる」と相談します。その間もミミは何度も咳《せき》をします。その時、店からロドルフォが出てきたので、ミミは木陰《こかげ》に身を隠します。マルチェッロがロドルフォにミミのことを訊ねると、ロドルフォは「ミミは体を壊しているが、貧乏な自分には彼女を養生《ようじょう》させるだけの金はないので、彼女のためにも別れたい」と本音を語ります。それを木陰で聞いたミミが激しく咳き込みながら泣くので、ロドルフォは彼女の存在に気づきます。その時、店の中で男と戯《たわむ》れるムゼッタの声を聞いたマルチェッロは、頭に来て店に入ります。

ロドルフォとミミは、互いに愛し合いながらも別れなければならない悲しみを歌います。そこに店からマルチェッロとムゼッタが怒鳴り合いながら出てきて、互いに別れると言います。舞台の上で、二組の男女が、まったく雰囲気の違う別れの二重唱（実際は四重唱）を歌う場面は不思議な効果を上げています。やがてムゼッタとマルチェッロは大声で怒鳴り合って去っていくが、残されたミミとロドルフォは雪の中で、静かに別れていきます。

第四幕は、別れの日から数ヵ月経ったある午後です。ロドルフォは机に向かい、マルチェッロは画架《がか》の前に立っていますが、二人とも別れた女を思って仕事が手につきません。そこにショナールとコッリーネがパンと鰊《にしん》を持ってやってきます。四人は貧しい食事なのに、いかにもご馳走を食べるかのように芝居しながら食べます。そしていつものように食卓でふざけあいますが、この場面の音楽は実に楽しい。そこに突然、ムゼッタが血相を変えてやってきます。ここから音楽は急展開し、深刻な響きとなり、ドラマは一気にクライマックスへとなだれ込みます。

ムゼッタは金持ちの囲われ者になっていたミミを連れてきたのです。というのは、病気が進行したミミが、ロドルフォのもとで死にたいと言ったからです。ベッドに寝かされたミミの冷たい手を温めるために、ムゼッタはマフ（手を温める防寒具）を取りに、マルチェッロと共に部屋を出ます。コッリーネはミミの薬を買うために、愛用していた古い外套を売ることを決意します。この時、彼が歌うアリアは聴く者の胸を打ちます（「古い外套よ」）。そしてコッリーネとショナールもミミとロドルフォを二人きりにするために部屋を出ていきます。

ロドルフォと二人きりになると、ミミは彼に語りかけます（「みんな行ってしまったのね」）。二人は再会の喜びを歌いますが（「ああ、僕のミミ」）、この二重唱は切ない。

やがてムゼッタやコッリーネたちが部屋に戻ってきます。ミミはムゼッタのマフで手が温まったと言って喜びます。ムゼッタはミミのそばで聖母マリアに祈ります（「ムゼッタの祈り」）。しかしその祈りもむなしく、ミミは静かに息を引き取ります。ムゼッタたちはそのことに気づくが、一人ロドルフォだけが気づきません。しかし皆のただならぬ様子に、彼はミミが死んだことを悟ります。この時、オーケストラは悲痛な音を奏で、ロドルフォの「ミミ！」という絶叫と共に幕を閉じます。

健康的なエロティシズム

あらすじの紹介がすこし長くなりましたが、このオペラは前述したように貧乏な若者たちの「青春群像モノ」です。これまでこんな題材で書かれたオペラはありませんでした。その意味で、非常に現代的とも言えます。ちなみに「ボエーム」というのは、「ボヘミアン的生活」という意味で、「ボヘミアン」というのは、もともとはボヘミア地方（現在のチェコ西部）出身のロマを指していましたが、のちにその日暮らしの貧乏な芸術家を総称して呼ぶ言葉になりました。

四人の男たちはいずれも明日を夢見ている若者たちですが、私にもそんな時代がありました。テレビ業界で売れない放送作家をしながら、将来に対する漠《ばく》とした不安と夢を抱えて生きていました。ロドルフォたちと同じように金はありませんでしたが、気の合う友人たちがいたし、恋した女性もいました。だからこのオペラを聴くと、私は過ぎ去った日々を思い出します。もはや二度と戻らない青春です。このオペラに惹かれるのはそのせいかもしれません。

この曲にエロスを感じるのはすこし違うかもしれません。実際これまで挙げてきた曲とはエロティシズムという点ではすこし異質です。しかし私は、青春のエロスを感じます。それは淫靡というより、健康的なエロティシズムです。

このオペラの原作はフランスの作家アンリ・ミュルジェの『ボヘミアンの生活情景』ですが、これはいくつかの短編が集まったような作品です。したがって四幕のオペラにする際は、相当な苦労があったようです。プッチーニは台本作家が書いたものに何度も書き直しを要求したらしく、台本の完成までに二年もかかったと言います。

プッチーニのオペラは「マノン・レスコー」「トスカ」など、凄絶なドラマの中に愛と死を描いたものや、また「トゥーランドット」「蝶々夫人」「西部の娘」など、異国情緒たっぷりのものが知られていますが、その中で「ラ・ボエーム」は異色です。しかし彼自身がもっとも気合を入れて書いたオペラではないでしょうか。第一幕の冒頭に現れる主題は、プッチーニ自身が音楽学校に通っている学生だった時に作った旋律だということです。「ラ・ボエーム」を書いた時、プッチーニは三十代の半ばでしたが、おそらく彼は、音楽家になることを夢見て頑張った青春時代を思い返していたのではないかと思います。

ちなみに「ラ・ボエーム」を初演したのは、のちに大指揮者となる二八歳の若きアルトウーロ・トスカニーニでした。

演奏途中で拍手が沸き起こった！

「ラ・ボエーム」の名盤と言えば、ヘルベルト・フォン・カラヤンがベルリン・フィルハーモニー管弦楽団を指揮したものが挙げられます。劇的で繊細な指揮もさることながら、ミミを歌うミレッラ・フレーニ、ロドルフォを歌うルチアーノ・パヴァロッティが圧倒的に素晴らしい。第一幕の二人の二重唱はまさしく奇跡の歌唱です。今後これ以上の二重唱が聴けるとは思えないくらいです。

トゥリオ・セラフィンがローマ聖チェチーリア音楽院管弦楽団を指揮したものも素晴らしい。オーケストラも歌手陣も最高です。七八歳のトスカニーニがＮＢＣ交響楽団を指揮したものは古いモノラル録音ですが、凄い迫力です。歌手と一緒にトスカニーニが歌っているのが何とも言えません。

他にも名盤がいくつもありますが、私は実演で最高の「ラ・ボエーム」を聴いています。それはカルロス・クライバーがミラノ・スカラ座管弦楽団を指揮したものです。一九八一年と一九八八年の二度の来日引っ越し公演を聴きましたが、まさしく空前絶後と言いたくなるほどの名演でした。第二幕でムゼッタが「マルチェッロ!」と叫ぶ場面で、演奏の途中で一斉に拍手が沸き起こったのを覚えています。第四幕のラストでは、私も含めて多くの観客が泣いていました。二度の公演とも、終わったあと聴衆は総立ちで、カーテンコールは三〇分を超えました。あんなことも滅多にあるものではありません。私の宝物の記憶の一つです。

第三章

天才の狂気

「天才と狂人は紙一重《かみひとえ》」という言葉がありますが、クラシック音楽の天才たちが作り出す音楽の中には、聴いていて「狂気」を感じる曲が少なくありません。そんな曲を生み出す音楽家の頭の中は、常人の思考回路をはるかに超えた異次元の世界なのでしょう。

この章では、「天才の狂気」とも呼ぶべきデモーニッシュ（悪魔的）な曲を紹介しましょう。

ムソルグスキー「展覧会の絵」

一枚だけ未発見の原画をめぐる謎

「アバンギャルド」と呼ぶにふさわしい曲

一九世紀のロシアで民族主義的な音楽を志《こころざ》していた「ロシア五人組」と呼ばれる作曲家の一人であったモデスト・ペトローヴィチ・ムソルグスキー（一八三九―八一）は、親友の画家兼建築家ヴィクトル・ガルトマン（ハルトマンとも）の遺品を集めた展覧会に行き、そこで見た絵にインスピレーションを受けて一八七四年に一気呵成《いっきかせい》にピアノ組曲を書き上げました。それが「展覧会の絵」です。

「プロムナード（散歩）」と名づけられたゆるやかな曲から始まり、一〇の短い曲が続きます。それぞれの曲にはガルトマンの作品のタイトルがつけられています。曲の間にはいくつか「プロムナード」が挟まり、ムソルグスキー自身が展覧会場を歩いている様子が描かれています。

ムソルグスキーは、ロシア五人組の中でももっとも「反ヨーロッパ音楽」の道を突き進んだ作曲家でしたから、「展覧会の絵」はクラシック音楽に耳慣れた人にとっても、奇妙なメロディーと響きを与えるかもしれません。さらにガルトマンという画家も革新的な芸術家であっただけに、その絵にインスパイアされた曲はまさに「アバンギャルド（前衛的）」と呼ぶにふさわしいものになりました。ただここでのムソルグスキーの描写力とイマジネーションは驚異的です。クラシック音楽の辺境の地にあった当時のロシアで、これほどの天才が生まれたのは奇跡としか言いようがありません。

広大な領地を持つ貴族の末っ子として生まれたムソルグスキーは、幼い頃から音楽の才能に恵まれていましたが、軍人を志して一三歳で士官学校に入ります。一七歳で近衛《このえ》連隊に入隊しますが、そこで軍医として勤めていたボロディン（ロシア五人組の一人）と出会い、彼に触発され作曲を始めました。一九歳で退役した彼は本格的に音楽家への道を進みますが、二二歳の時に「農奴解放」で家が荘園のほとんどを失ったため、生活のために下級官吏となります。しかし生活は苦しく、やがて酒びたりとなります。

ムソルグスキーが「展覧会の絵」を作曲した頃は、アルコール依存症による狂気の症状が出ていた時期で、「展覧会の絵」が非常に前衛的なのはもしかしたら、その影響もあったのかもしれません。

ムソルグスキーの創作意欲を触発したガルトマンの原画は展覧会後にほとんどが散逸しましたが、現在ではその多くが発見され、ムソルグスキーの曲に使われた絵との確定作業が済んでいます（一曲のみ未確定）。それぞれの原画と音楽を以下に簡単に記します。

第一曲「グノーム」はロシアの伝説にある地の底に住む奇怪な「こびと」の絵で、ムソルグスキーはグノームが奇妙に動き回る様を不気味に描いています。

第二曲「古城」は古い城が静かにたたずむ様子が東洋的な調べで印象的な曲です。

第三曲「チュイルリーの庭」は無邪気な子供たちが遊ぶ様子が微笑ましく表現されています。

第四曲はひとまず飛ばして、第五曲「卵の殻をつけた雛《ひな》の踊り」はかわいい雛の動きを表現したユーモラスな曲です。

第六曲「サムエル・ゴールデンベルクとシュムイレ」は金持ちのユダヤ人と貧乏なユダヤ人を描いた二枚の絵をもとに、ふんぞりかえった傲慢な男とぺこぺこしながら卑屈に頭を下げる男を戯画的に描いています。

第七曲「リモージュの市場」は人々がごったがえす市場の情景を描いた曲です。

第八曲「カタコンブ（ローマ時代の墓）」は一転して死の香りが漂うような静謐《せいひつ》な音楽となっています。

第九曲「ババ・ヤガー」はロシアの伝説の魔女を描いた曲、魔女が箒に乗って空を飛ぶ幻想的で異様な世界が広がります。

ここまでこの組曲は万華鏡のように千変万化し、そのどれもがため息が出るほど魅力的な音楽となっていますが、曲はいよいよ終曲の「キエフの大門」を迎えます。ここで「展覧会の絵」はこれまで一度も見せなかった荘厳な姿を現します。原画はガルトマンが一一世紀にあったウクライナの首都キエフの「黄金の門」を再建するために描いたスケッチで、ムソルグスキーの音楽はまさに巨大な門を見上げているかのような壮大な世界を展開します。組曲のラストにふさわしい華麗な音楽です。

謎の曲「ビドロ」

以上、一曲を除いて、「展覧会の絵」のそれぞれの曲の原画と曲を説明してきましたが、問題は現在に至るも唯一原画が未発見の第四曲の「ビドロ」です。「ビドロ」とはポーランド語で「牛車」を意味します。この曲が発表された当時、ムソルグスキーの友人であった高名な音楽評論家ヴラディーミル・スタソフ（ロシア五人組の擁護者でもあった）は「荷車を引く牛」と説明しました。確かに音楽は、牛が重い荷車を苦しそうに引いて歩くような音楽になっています。実に不気味で異様な迫力のある曲で、「展覧会の絵」の中では、終曲の「キエフの大門」に匹敵する名曲です。

ところが「ビドロ」の原画が牛車を描いたものであるのかは疑問とされています。というのもガルトマンの絵に牛や荷車を描いたものは一枚も発見されていないからです。また奇妙なことに、ムソルグスキーが前記のスタソフにあてた手紙の中に、「僕と君との間では、サンドミールで描かれた『ビドロ』は牛車のことにしておこう」という謎めいた文章が残っています。サンドミールはポーランドの都市です。つまり「ビドロ」はガルトマンがポーランドで描いた絵だということがわかります。ところがガルトマンのカタログの中に「ビドロ」というタイトルの作品はありません。おかしなことはまだあります。「展覧会の絵」の自筆譜の第四曲のタイトルをムソルグスキー自身がナイフで丁寧に削《けず》り取り、その上に「ビドロ」と書いていることです。

一九九一年にNHKのスタッフと作曲家の團伊玖磨《だんいくま》氏が「展覧会の絵」の原画を求めてソ連で取材調査を行ないましたが、そこで彼らは非常に興味深い事実にぶつかりました（NHKスペシャル「革命に消えた絵画」）。苦労の末に、ガルトマンがポーランドで描いた一枚のスケッチ画を発見したのです（ポーランドで描かれた絵で発見されたのはその一枚だけ）。

鉛筆で描かれたそのスケッチ画には牛車は描かれていませんでした。そこに描かれているのは、兵士と群衆、教会とギロチンです。タイトルは「ポーランドの反乱」。ここでNHKスタッフは「ビドロ」というポーランド語の不気味さに気づきます。実はビドロには「牛車」以外にもう一つの意味があったのです。それは「（牛のように）虐《しいた》げられた人」という意味です。ポーランドは長い間ロシアに支配されてきました。圧政に苦しみ、何度も反乱を企てましたが、そのたびにロシアの軍隊に鎮圧され、多くの民衆が殺されました。

NHKスタッフと團伊玖磨氏は、「展覧会の絵」の「ビドロ」の原画がこの絵であるという結論は下しませんでしたが、当時、テレビを見ていた私は腑《ふ》に落ちた記憶があります。なぜなら「ビドロ」の音楽の異様な暗さはまさしくそれだと思えたからです。「ビドロ」を聴くと、そこには圧政に喘《あえ》ぐポーランドの民衆の苦しみが伝わる気がします。奴隷のように過酷な労働を強《し》いられた苦しみは、鞭《むち》打たれて重い荷車を引く牛の姿に重なります。

これは私の想像ですが、ムソルグスキーは「ポーランドの反乱」というタイトルはロシア政府に睨《にら》まれると恐れ、いったんは書いたタイトルを削り取り、その上に「ビドロ」というポーランド語を書いたのではないでしょうか。もちろん想像です。彼が展覧会で見た絵が「ポーランドの反乱」であるという証拠もありません。しかしそんなものは抜きにしても、「ビドロ」の音楽の異様な迫力は単に荷車を引く牛には思えません。

漫画家の手塚治虫《てづかおさむ》氏は一九六六年にセリフのない実験的アニメ「展覧会の絵」を作っていますが、そこに「ビドロ」の音楽をBGMにして、二〇世紀のオートメーション工場で奴隷のように働かされる工場労働者の姿を描いています。手塚は芸術家の感性で、「ビドロ」の中に迫害される人々の苦しみを聴き取ったのかもしれません。

「展覧会の絵」はムソルグスキーの生前は出版されず、また一度も演奏されたことはありませんでした。ムソルグスキーはこの曲を書いた七年後に四二歳で亡くなっています。死ぬ一〇日前に描かれた肖像画（167ページの写真）は有名です。髪も髭《ひげ》ももじゃもじゃで、一見すると浮浪者のように見えますが、鋭い眼光が見る者を惹きつける肖像画です。これは友人であるロシアの天才画家イリヤ・レーピンが描いた傑作ですが、この時レーピンはアルコール依存症でひどい身なりに落ちぶれた友人を見て、「これがかつて貴族出身の連隊将校であった人物なのか」という慨嘆《がいたん》の言葉を書き残しています。

ムソルグスキーの死後何年か経《へ》て、ロシア五人組の一人リムスキー＝コルサコフが遺品の中からこの曲を発見し、楽譜に手を加えて出版しました。手を加えたのは、ムソルグスキーのオリジナルはあまりにも前衛的で、当時の一般大衆の耳には受け入れられないと考えたからですが、それでもこの曲が注目されることはありませんでした。

一九二二年に「ボレロ」で有名なフランスの作曲家ラヴェルが管弦楽に編曲して演奏したことがきっかけとなり、はじめて脚光を浴びました。「オーケストラの魔術師」と呼ばれるほど巧《たく》みな管弦楽法を持っていたラヴェルは原曲の楽譜を見て、そこに大オーケストラの響きを見て取ったのです。彼の編曲版は注目を集め、「展覧会の絵」はムソルグスキーの死後四〇年以上経って人気曲となりました。しかし皮肉なことにラヴェルの編曲があまりにも有名になってしまい、オリジナルのピアノ組曲は忘れられた形となりました。またピアノで演奏される際もほとんどがリムスキー＝コルサコフ版で、人々がオリジナル版の真価に気づくようになるのは第二次世界大戦後のことです。

お薦めできないくらいの強烈な演奏

さて推薦盤ですが、名盤が多すぎて困ります。ラヴェル版ならカルロ・マリア・ジュリーニ指揮シカゴ交響楽団の演奏が見事です。オーケストラの上手さには舌を巻きます。ヘルベルト・フォン・カラヤン指揮ベルリン・フィルハーモニー管弦楽団、シャルル・デュトワ指揮モントリオール交響楽団、クラウディオ・アバド指揮ベルリン・フィルハーモニー管弦楽団の演奏も文句のつけどころがありません。

レオポルド・ストコフスキー指揮ニュー・フィルハーモニア管弦楽団の演奏は指揮者自身の編曲版であり、ラヴェル版に比べてロシア色が濃く出ていて面白い。ロシアの怪物的指揮者ニコライ・ゴロワノフ指揮によるモスクワ放送交響楽団の演奏は常軌を逸した凄まじいもので、けっしてお薦

イリヤ・レーピン「作曲家モデスト・ムソルグスキーの肖像」

（トレチャコフ美術館蔵）

めできませんが、数ある同曲のCDの中ではもっとも強烈な演奏です。

ピアノ演奏ではスヴャトスラフ・リヒテルが素晴らしい。いくつも優れたライブ録音を残していますが、一九五八年に行なわれたソフィア（ブルガリアの首都）での実演は鬼気迫るものがあります。ヴラディーミル・ホロヴィッツの彼自身の編曲による超絶演奏も忘れがたい（複数あり）。アルフレート・ブレンデル、ヴラディーミル・アシュケナージ、エフゲニー・キーシンもいい演奏です。アシュケナージは指揮をしてのオーケストラ演奏もあります（編曲は彼自身）。

パガニーニ「二四の奇想曲」

多くの音楽家を魅了する、複雑怪奇な曲

悪魔のヴァイオリニスト

クラシック音楽の作曲家や演奏家は、過去の有名曲の主題を借りて変奏曲を書くことをよくします。バッハやモーツァルトの曲は引っ張りダコです。ところが変奏曲の主題として圧倒的な人気を誇る曲は、実はバッハでもモーツァルトでもベートーヴェンでもありません。それは、パガニーニの曲集「二四の奇想曲（カプリース）」の中の「第二四番 イ短調」です。

この主題を変奏曲にした作曲家には、シューマン、リスト、ブラームス、ラフマニノフなど錚々《そうそう》たる名前が並びます。変わったところでは「スウィングの王様」と呼ばれたジャ

ズのクラリネット奏者ベニー・グッドマンもいます。また歴史的なピアニストやヴァイオリニストたちの多くもこの主題の変奏曲を書いています。いったい「二四の奇想曲」のどこにそんな魅力があるのでしょうか？　それを語る前にまず、この曲を作ったパガニーニについて語ろうと思います。

ニコロ・パガニーニ（一七八二―一八四〇）はイタリア出身のヴァイオリニストで、彼こそは一八世紀から一九世紀にかけての最大のヴィルトゥオーソでした。前述したようにヴィルトゥオーソは超絶的な演奏技術を持つプレーヤーに与えられる称号です。彼のテクニックは当時の人々の想像を絶するものでした。

実は楽器演奏の技術もスポーツの技術と同様、時代が下れば下るほど進歩します。つまりいかにパガニーニが凄いとはいえ、彼の技術は二〇〇年前のものであり、当然、現代のヴァイオリニストのほうがテクニックは上です。同じ頃、当代随一のピアノの名手と言われたベートーヴェンもまた、現代の基準で言えば、おそらくそれほど驚くようなものではないでしょう。しかし彼らの偉大さは同時代を超越したところにあります。それまで誰もなしえなかったテクニックを開発したことが何より素晴らしいのです。

ただ、パガニーニのヴァイオリン演奏は、過去の名だたるヴィルトゥオーソとは別格のような気がします。というのも彼の演奏を実際に聴いた人々が書き残した文章を読むと、単にヴァイオリンを上手く弾くというレベルを超えているとしか思えないからです。

パガニーニはヴァイオリン演奏の技術を獲得するために、デーモン（悪魔）に魂を売り渡したと当時の人々に半ば本気で信じられていました。そのため彼の演奏会では、多くの聴衆は胸の前で十字を切ったり、また演奏中の彼が空中に浮かんでいると思い、彼の足元を注視したりしました。だからパガニーニが亡くなった時は、どこの墓地も彼を埋葬することを嫌がり、そのため遺体は防腐処置を施されて各地を転々とし、何度も改葬された末、最終的にイタリアのジェノヴァの共同墓地に埋葬されたのは、何と二〇世紀になってからでした。

その人生も数奇なもので、若い頃は賭博と恋愛に夢中になり、大負けしてヴァイオリンを取られたこともあるほどです。また多くの女性と浮名を流し、その中にはフランス皇帝ナポレオン・ボナパルトの妹マリア＝アンナとポーリーヌ（二人とも美人であった）の名前もあります。

パガニーニの演奏は重音《じゅうおん》奏法や倍音《ばいおん》奏法など、ありとあらゆる技法を駆使したもので、あまりの素晴らしさに、演奏会ではいつも失神する者が続出しました。ヴィーンでパガニーニの演奏を聴いたシューベルトは、「天使の声を聴いた」という感激の言葉を残しています。

ところが実はパガニーニが使ったテクニックはよくわかっていません。というのも彼は自らのテクニックを誰にも教えず、また楽譜すらも残さない徹底した秘密主義を貫いたからです。当時は著作権もなく盗作や剽窃《ひょうせつ》は当たり前の時代でした。そのため彼は自作のヴァイオリン協奏曲を演奏する場合も、オーケストラの楽団員には練習が始まる直前までパート譜（総譜から特定パートを抜き出したもの）を見せず、しかも練習中は自身のソロパートは演奏しませんでした。そして演奏会が終わるや否《いな》やパート譜を回収しました。また彼は亡くなる直前にそれらの楽譜の多くを焼却してしまいました。残った楽譜も遺族が売り払ってしまい、ほとんどが行方不明になりました。

今日、パガニーニのヴァイオリン協奏曲は六曲発見されていますが、それらは彼自身が書いたものではなく、彼の演奏を聴いた人が譜面に起こしたものです。またオーケストラのパート譜は、彼があえて簡単に（別の言い方をすれば適当に）書いた節があります。その理由は、オーケストラの楽団員にあまり練習時間を与えなかったために、初見で演奏できるくらい易《やさ》しいものにしたからという説と、楽団員に自分の音楽を盗まれることを恐れる

パガニーニ「24の奇想曲」自筆譜

ため、パート譜といえども本気で書かなかったからという説があります。

ヴァイオリン一挺とはとても思えない

そんなパガニーニが珍しく出版した曲が、今回紹介する「二四の奇想曲」です。作品番号1のこの曲は、珍しくパガニーニの自筆譜も残っています。ヴァイオリン一挺で弾くための曲で（無伴奏）、パガニーニが自身の演奏技巧のすべてを注ぎ込んで書きました。その超絶技巧は、現代の一流ヴァイオリニストさえも尻込みすると言われています。

自筆譜を見ると（上の写真）、ヴァイオリンのことは何も知らない私の目にも、恐ろしく複雑怪奇な楽譜であることだけはわかります。CDで聴くと、驚きはさらに大きなものになります。どう聴いてもヴァイオリン一挺だけで弾いているとは思えないのです。

ヴァイオリンはピアノと違って右腕一本で弾きます。だから基本的に旋律線は一つなのですが、重音奏法や左手のピチカート（指で弦をはじく奏法）を駆使した演奏によって、まるで二重奏三重奏に聴こえるのです。これを聴いた二〇〇年前の聴衆が、デーモンが弾いていると思ったのも無理はありません。

ただ、ここで正直に言えば、私自身はこの二四曲全部を通して聴くことはまずありません。どれもこれも凄い音楽なのですが、あまりにも複雑怪奇な曲で、一曲聴くとぐったりしてしまい、とても連続して何曲も聴けないのです。それに聴いていると、はたしてこれは純粋に音楽なのだろうか？　という疑問も湧いてきます。まるでヴァイオリンの超絶技巧を披露するためだけに作られた音楽ではないのかという気になってくるのです。

そうはいっても、一曲ずつ取り出して聴けば、最初の一音から夢中にさせられてしまいます。中でも、その最後を飾る「第二四番 イ短調」は私のお気に入りでもあり、それだけを取り出して聴くことが多い。そしてこの曲こそ、冒頭で書いた多くの音楽家を魅了した問題の曲です。

曲は変奏曲ですが、まず現れる一二小節の主題は実に不思議な雰囲気を持つメロディーです。悲しげでありながら、どこか扇情的で、メランコリックなムードを漂わせるいっぽう、激しいパッションに満ちています。このエキゾチックな曲を聴いて心を乱されない人はいないのではないかと思います。何とも異様で妖しい狂気を秘めた旋律です。しかも変奏が進むにつれ、曲は千変万化し、広大な世界を見せます。パガニーニ一代の傑作と呼ぶにやぶさかではありません。

この曲を耳にした多くの作曲家たちは、この魅力に溢れたメロディーをとことん追求してみたいという欲望に抗《あらが》えなかったのでしょう。前述したように、のちに多くの作曲家が編曲したり変奏曲を書いたりしています。その中に名曲はいくつもありますが、特に有名なのはブラームスのピアノ独奏のための「パガニーニの主題による変奏曲」で、彼のピアノ曲の中では屈指の難曲として知られています。またラフマニノフの「パガニーニの主題による狂詩曲」も人気曲です。この曲はピアノと管弦楽の大規模な曲で、彼の代表作の一つです。「ピアノのパガニーニになる」と決意したリストもまた「パガニーニによる大練習曲」という豪華絢爛たる変奏曲を書いています。他にもまだ名曲はいくつもありますす。原曲を聴いて興味を持たれた方はぜひ、それらを聴いてみることをお薦めします。

五嶋《ごとう》みどりが一七歳で録音した完璧な演奏

さて「二四の奇想曲」は凄まじい難曲だけに、現代のヴァイオリニストでもよほど腕に自信がなければ、録音に挑《いど》まないと言われています。またいかに名人でも年老いてテクニックが衰えると演奏が困難になります。

現在カタログにあるCDの中で、技巧的に完璧と思えるのは五嶋みどりの演奏です。これを録音した時、五嶋はわずか一七歳だったと言いますから、まさしく天才少女以外の何物でもありません。

サルヴァトーレ・アッカルドの演奏も素晴らしい。彼もまた一七歳でパガニーニ国際ヴァイオリンコンクールに優勝し、「パガニーニの再来」と謳われた天才ですが、「二四の奇想曲」を録音したのは三〇歳を超えてからで、技巧的にも音楽的にも最高のレベルに達しています。シュロモ・ミンツとイツァーク・パールマンの演奏も文句のつけようがありません。一流のヴァイオリニストが全盛期に録音した演奏なら、何を聴いてもまず不満はないでしょう。

ベートーヴェン「ピアノソナタ第二三番《熱情》」

勇気が湧き、気力が漲《みなぎ》る曲

ピアノ版《運命》

ルートヴィヒ・ヴァン・ベートーヴェン（一七七〇―一八二七）の三二曲のピアノソナタは、ピアノ音楽の金字塔です。

彼は若い時代から晩年に至るまでピアノソナタを作り続けましたが、それらを見れば（聴けば）、ベートーヴェンの音楽がどのように進化し、変貌を遂げていったのかがわかります。ベートーヴェンが生きた時代は、ピアノという楽器が急速に発展した時代でもありました。一八世紀から一九世紀にかけてピアノはどんどん大型化し、音量は大きくなり、音域は広がりました。ベートーヴェンは新しく進化したピアノを手に入れるたびに、よりスケールの大きなピアノソナタを生み出していったのです。

この三二曲のピアノソナタを「ピアノの新約聖書」と呼んだのは、一九世紀の偉大なピアニストであり指揮者でもあったハンス・フォン・ビューローです（彼はベルリン・フィルハーモニー管弦楽団の初代指揮者である）。ちなみに「旧約聖書」はバッハの「平均律クラヴィーア曲集」です。この喩えは実に的確で、まさに二つのピアノ曲集こそ、クラシック音楽界のみならず、ピアノ音楽における不滅の殿堂です。

さて、ベートーヴェンの三二曲のピアノソナタの最高傑作は何か？　この質問に答えるのは実に難しいものがあります。初期、中期、後期と、それぞれ名曲が目白押しだからです。若い頃に書いた《悲愴》（第八番）は当時、ヴィーンのピアノ科に学ぶ学生たちを狂喜させた傑作ですし、《月光》（第一四番）と《テンペスト》（第一七番）も《悲愴》に優るとも劣らない名曲です。

晩年には、演奏時間四〇分を超える大曲《ハンマークラヴィーア》（第二九番）、そして最後の三つのソナタ（第三〇番、三一番、三二番）があります。特に最後の三曲はもはやピアノソナタの枠を超えた神がかった名曲と言っても過言ではありません。

しかしながら、私はあえてベートーヴェンのピアノソナタの最高傑作として、「ピアノソナタ第二三番《熱情（アパショナータ）》」を挙げたいと思います。

この曲は、ベートーヴェン研究家でもあった文豪ロマン・ロラン（代表作にベートーヴェンをモデルとした『ジャン・クリストフ』がある）が「傑作の森」と呼んだ時代に作られました。当時のベートーヴェンは音楽家にとって死刑宣告にも等しい聴覚障害を患い、人生に絶望しかけていました。しかし彼は絶望から立ち直り、不幸な運命に戦いを挑むかのような闘争の音楽を書き続けます。「闘争から勝利へ」と向かう、まるでドラマのような曲です。その代表的な作品が「交響曲第五番《運命》」ですが、《アパショナータ》はピアノ版《運命》とも言うべき作品です。

第一楽章から、重苦しい不幸が訪れます。最初は静かにゆっくりと忍び込むようにやってきますが、やがて恐ろしい牙を剝《む》いて襲いかかってきます。この冒頭部分を聴いた時、《運命》を知っている人は、はっとするに違いありません。そう、ここで襲いかかる運命の一撃は、《運命》の「ダダダダーン！」と同じ音型だからです。自称秘書のアントン・シンドラーの伝えるところの、「運命はこのように戸を叩く」とベートーヴェンが語ったという動機（モティーフ）です。これは「運命動機」と呼ばれるもので、中期のベートーヴェンはしばしば用いています。ちなみに作曲年代は《アパショナータ》が《運命》よりも二年早いですが、《運命》も同じ頃に作曲に取りかかっているので、「運命動機」を二つの曲（ピアノソナタと交響曲）に振り分けたものと考えられます。

第一楽章は、まさにベートーヴェンの人生を叩き潰すかのような激しい暴風雨のような音楽です。厳しい不幸と運命がこれでもかというように彼を苦しめます。ここで使われるピアノテクニックは凄まじいとしか言いようがありません。当代随一のピアノの名手であるベートーヴェンが、持てる技術のすべてを注ぎ込んで書いたのがわかります。楽章全体にわたって激しい闘争が繰り広げられますが、過酷な運命は容赦しません。コーダでは、まるで波状攻撃のように襲いかかり、ついに彼を打ち倒します。この部分で執拗なまでに叩かれる「運命動機」は聴く者に戦慄を与えるでしょう。そして最後のフォルテ（強く）は大オーケストラの迫力をも凌《しの》ぎます。もちろん絶対的な音量ではオーケストラには敵《かな》いません。その迫力はあくまで精神的なものです。実際、舞台の上でこの曲を聴けば、その迫力に圧倒されます。ここで鳴らされる音はもはやピアノの音とは思えません。おそらく当時の聴衆は度肝を抜かれたことと思います。これまでこんなピアノ音楽を書いた作曲家は誰一人いなかったからです。まさに曲全体が狂気の音楽です。

第二楽章は、一転して優しい変奏曲となります。ベートーヴェンは変奏曲の達人です。

おそらく古今のクラシック音楽の作曲家の中でも最高峰の変奏曲の達人です。単純な主題が変奏を繰り返すごとに、音楽は深化し、広大な世界へと拡《ひろ》がっていきます。この不思議な世界を描かせれば、バッハを除いて彼の右に出る者はいません。この楽章は癒しの音楽です。激しい運命の一撃を受けて倒れたベートーヴェンは、この花園で束《つか》の間《ま》の安らぎを得ます。

そして第三楽章で、ベートーヴェンは運命に戦いを挑みます。この激しさ、厳しさはどう表現すればいいのでしょう。まさしく戦いのドラマです。このソナタを聴いて、単なる音の羅列としか聴こえない人は、ベートーヴェンには縁のない人でしょう。これはベートーヴェンの「命がけの闘争」です。自らに襲いかかった過酷な宿命に対して、彼は怒り、呪い、怒声を浴びせ、そして最後に「運命の喉首《のどくび》」を締め上げ、再び人生を生きようと決意するのです。この楽章のコーダの烈《はげ》しさは言葉を失います。現代のピアノで聴いても、ピアノが壊れるのではないかと思えるほどの迫力です。馬力のあるピアニストの演奏で聴けば、その和音は轟音となってホールに響きます。

そして、音楽は劇的で高らかな勝利宣言と共に輝かしく終わります。

ピアノソナタの頂点

長々とまるでドラマを語るかのように書いてきましたが、実はベートーヴェン自身は《アパショナータ》にこのような物語があるとは一言も語っていません。逆説めきますが、彼はのちのロマン派の作曲家たちのように、音楽に文学性を持ち込まず、またドラマを音で表現しようとはしませんでした。ベートーヴェンは常に「音」だけで表現しようとしました。しかしこの曲を虚心に聴けば、私が書いたようなドラマが聞き取れるはずです。いや、そうとしか聴こえません。

ちなみに《アパショナータ》というタイトルは、ベートーヴェンがつけたものではありません。のちの誰かが曲のイメージから勝手に名づけたのが一人歩きしているのですが、私はこの曲の性質をうまく表現した良いタイトルではないかと思います。

近代ドイツを強国にした鉄血宰相と呼ばれたオットー・フォン・ビスマルクは、《アパショナータ》についてこんな言葉を残しています。

「この曲をいつも聴くことができれば、私は常に勇敢でいられるのだが」

この気持ちは私にはよく理解できます。私もまた《アパショナータ》を聴くと、心の内に勇気を感じるからです。どんな困難にも打ち克《か》ってみせるという気力が漲《みなぎ》ります。大袈裟に聞こえる方があるかもしれませんが、ベートーヴェンの音楽には、このような力が本当にあるのです。私だけでなく、過去に多くの人がベートーヴェンを聴いて、勇気をもらい、励《はげ》まされ、不幸な境遇から立ち直ってきたのは歴然たる事実です。

私は時々不思議な気持ちになります。二〇〇年以上も昔、聴覚を奪われて一時は人生に絶望した一人の男が作った音楽が、時空を超えて世界中の人々の心に大きなエネルギーを与えているという事実――これは「エネルギー保存の法則」を大きく逸脱しているからです。このエネルギーは人類が存続する限り永久に世界に漂っていると思うと、芸術の持つ力の不思議に今更《いまさら》ながら感心せずにはおれません。

ところで、私は《アパショナータ》と対《つい》になる作品として、「ピアノソナタ第二一番《ヴァルトシュタイン》」を挙げたいと思います。後援者のフェルディナント・フォン・ヴァルトシュタイン伯爵に捧げられたことでその名がつけられたこの曲は、ピアノを弾く（聴く）快感、そしてピアノの持つ打楽器的な性質をとことん追求したような曲です。冒頭いきなり痙攣《けいれん》するような連打から始まり、次の瞬間には凄いスピードで鍵盤の上を指が走ります。そして全曲にわたって恐ろしいまでのピアノテクニックが披露され、聴く者の心を痺れさせます。妙な喩えになりますが、ロックバンドのキーボード奏者が見せる速弾きのスーパーテクニックを聴く爽快感があります。クラシック音楽のピアノソナタをまったく聴いたことがない人に《ヴァルトシュタイン》を聴かせれば、現代曲と勘違いするかもしれません。それくらい斬新かつ前衛的な曲なのです。おそらくベートーヴェンはこの曲で、自分のピアノソナタが新しい次元に突入したと確信したのではないかと思います。

そして自信を深めたベートーヴェンは、「技巧」に加えて「精神性」と「哲学性」を込めたピアノソナタを作るのです。それが《アパショナータ》です。だから、この曲は「知・情・意」のすべてが込められた大傑作なのです。この曲でピアノソナタの頂点をきわめたベートーヴェンは、その後四年間、ピアノソナタは書きませんでした。そしてその後は、穏やかで愛らしいソナタを書きます（第二四～二七番）。それらはかつてのように外に向かって放射する曲ではなく、内省的で規模の小さい曲です。そして晩年になって、過去の誰も到達しなかった深遠なる後期のソナタへと進むのですが、それはまたいずれどこかで語りたいと思います。

リヒテルの凄絶な演奏

《アパショナータ》の名演はそれこそ山のようにあります。偉大な名ピアニストが自らのキャリアのすべてをかけて挑んだ演奏がずらりと並びます。

その中で、まず推《お》したいのはスヴャトスラフ・リヒテルの演奏です。この曲を得意としたリヒテルにはスタジオ録音やライブ録音を含めて何種類ものCDがありますが、そのどれもが名演です。その中でも私の一番のお気に入りは、モスクワで行なわれたライブ録音です。こんな言い方はあまり好きではないのですが、この演奏を聴くと、他のピアニストが霞《かす》んでしまうくらい強烈です。リヒテルは好不調の波が激しいピアニストと言われますが、ライブで興に乗った時はまるで悪魔が取り憑《つ》いたかと思うほどに凄絶な演奏をします。この時のモスクワライブはそんなリヒテルが聴けます。

リヒテルにはアメリカデビューした時のライブもありますが、こちらもとてつもない演奏です。ラストのコーダで思い切り音を外していますが、演奏の凄さで言えば、もしかしたらこちらのほうが上かもしれません。ただ、リヒテルの《アパショナータ》はある意味異常な演奏でもあるので、入門CDとしては避けたほうが無難かもしれません。たとえば

第三楽章は「アレグロ・マ・ノン・トロッポ（速く、しかし速くなりすぎないように）」とありますが、リヒテルは「プレスティッシモ（プレスト［急速に］より速く）」で弾いています。

正統的な名演だと、リチャード・グード、エミール・ギレリス、アルフレート・ブレンデル、マウリツィオ・ポリーニ、フリードリヒ・グルダ、ルドルフ・ゼルキンなどが素晴らしい。いずれも超一級の演奏です。

ストラヴィンスキー「春の祭典」

クラシック音楽史上、もっとも物議を醸《かも》した曲

音楽家から聴衆まで大ブーイング

クラシック音楽史上、もっとも物議を醸した作品と言えば、イーゴリ・ストラヴィンスキー（一八八二―一九七一）のバレエ音楽「春の祭典」でしょう。いや、物議を醸したという言葉ではとても足りないくらいの大騒動を引き起こした曲でした。この曲は彼の三大バレエ音楽（他の二曲は「火の鳥」と「ペトルーシュカ」）の最後に書かれた曲です。初演が行なわれたのは一九一三年五月二九日、パリのシャンゼリゼ劇場でしたが、伝え聞くところによれば、曲が始まった途端に客席から嘲笑と同時に野次が飛び、劇場内は騒然となりました。足踏みや怒声で音楽はまったく聴こえなくなり、ダンサ

ーたちは何を頼りに踊ればいいのかわからなくなりました。

劇場オーナーは観客に対して「とにかく最後まで聴いてください！」と叫びましたが、騒ぎは収まらず、ついには賛成派と反対派の観客同士が殴り合いを始め、怪我人まで出たというから普通ではありません。最後は憲兵隊が出動したということですから、大事件です。新聞はこれを「春の災典」という見出しで報じました。

当時、パリの社交界の女王的存在であったプールタレ伯爵夫人は「六〇年の生涯でこんなに馬鹿にされた作品ははじめてだ」と顔を痙攣させて言ったという話が残っています。前衛詩人ジークフリート・サッスーンは「春の祭典」の詩を書いていますが、その一部を抜粋するだけで、彼がどう感じたのかがわかります。

「指揮者をリンチにかけろ！　太鼓の首を切れ！　金管《きんかん》楽器を殺せ！　弦楽器を血染めに！」

この曲に拒否反応を示したのは、一般の聴衆だけではありません。当時の大作曲家サン＝サーンス（「動物の謝肉祭」などで知られる）は初演でこの曲を聴き、冒頭部分を聴いただけで、「楽器の使い方を知らない者の曲は聞きたくない」と言って席を立ったと言われています。またこの初演を指揮したピエール・モントゥー（世界的指揮者）も、最初、ストラヴィンスキーにこの曲をピアノで演奏してもらった時、「一音符も理解できなかった」とのちに語っています。

「春の祭典」が当時の聴衆の反発を買った理由は、あまりにも前衛的だったからです。次々と拍子が変わっていく上に、無調に近い旋律、それに全曲にわたって凄まじい不協和音が満ちています。そのために当時の人々の耳にはまるで理解しがたい音楽に聴こえたのですが、一〇〇年後の現代では、もはや古典的名曲として位置づけられ、演奏会ではポピュラーな演目の一つとなっています。この一〇〇年で聴衆の耳もそれだけ進歩したということかもしれません。

とはいえ、四〇年前に私がはじめてこの曲を聴いた時の第一印象は、「変な曲」というものでした。そして「たぶん、何度聴いても好きにはなれない曲だろうなぁ」と思いました。ところが不思議なもので、今では普通に聴いています。もっとも大好きな曲かと訊かれれば、微妙と答えざるを得ません。正直に言えば、「火の鳥」や「ペトルーシュカ」のほうがずっと好みです。

しかし「春の祭典」には抗いがたい魅力があるのも事実です。この曲を聴いていると、まだ言葉を持たなかった時代の人類の原始的なパワー、あえて言えばバーバリアンなエネルギーのようなものを感じます。それにストラヴィンスキーの三大バレエ音楽の中ではもっとも彼の個性が色濃く出ている作品です。

踊りながら乙女が死んでいく

この曲は、そもそもはストラヴィンスキーが見た幻想から生まれた曲です。その幻想というのは、以下のようなものです。

「異教徒たちが行なう厳粛な儀式の場で、車座になった長老たちの前で、太陽の神の生贄《いけにえ》として選ばれた乙女が狂ったように踊りながら死んでいく――」

まあ、何とも奇妙な幻想です。

曲は二部構成で、第一部「大地の礼賛」は、「序奏」「春の兆《きざ》し」「誘拐」「春の輪舞《りんぶ》」「敵の部族の遊戯」「長老の行進」「長老の大地への口づけ」「大地の踊り」の八つの曲からできています。

舞台は古代ロシア、今まさに春を迎えようとしている草原に、異教徒の男女たちが集まり、大地に感謝を捧げます。やがて長老たちが登場し、数人の乙女たちを生贄として大地に捧げます。その時、太陽が燦然《さんぜん》と輝き、太陽の神にも感謝を捧げるべきだと悟ります

――これが第一部です。

第二部「生贄」は、「序奏」「乙女たちの神秘的なつどい」「生贄の賛美」「祖先の呼び出し」「祖先の儀式」「生贄の踊り」の六つの曲からできています。

物語は大地で乙女たちが踊っています。長老たちはその中から一人の乙女を選び出します。乙女は喜びの踊りを舞いますが、いつしか狂乱状態になり、踊りながら死にます。長老たちは乙女の体を高く掲げ、太陽の花嫁になったことを喜びます――。

実に奇妙で不気味なストーリーを持ったバレエです。おそらくストラヴィンスキーの頭の中には、この幻想と音楽が同時に誕生したのではないでしょうか。

余談ですが、「春の祭典」はディズニーのアニメ映画『ファンタジア』の中でも使われています。面白いのは、そこで使われているシーンは、宇宙空間における地球の誕生、そして原始の地球からの生命の誕生、やがて恐竜が現れ、それが絶滅していくまでのドラマです。

ストラヴィンスキーはのちにこの映画を観て、そのシーンの内容が自分のイメージとまるで異なっていたことに衝撃を受けたと言われています。しかし私の耳には、『ファンタジア』で使われている音楽は驚くほど映像にマッチしているように聴こえます。何も知らない人がそのシーンだけ観たなら、その音楽は映画用に作られたと勘違いするのではないでしょうか。ディズニーのセンスの良さに脱帽です。

ストラヴィンスキーが「火の鳥」「ペトルーシュカ」に続いて「春の祭典」を書いたのは三一歳の時です。初演では大いに物議を醸しましたが、まもなく二〇世紀を背負って立つ天才作曲家として認められ、将来を大いに嘱望されるようになりました。ところが彼はこれ以後、作風をがらりと変えます。

それまでの前衛的な手法をやめ、バロック音楽（ヴィヴァルディの時代の音楽）や古典派（ハイドン、モーツァルトの時代の音楽）のような簡明な曲を書くようになります。彼のこの時代は「新古典主義時代」と呼ばれています。ちなみに「春の祭典」を書いていた頃は「原始主義時代」と呼ばれています。ところがのちには、十二音技法を取り入れた作風に変化します。

ストラヴィンスキーほど作風が何度も大きく変わった作曲家はいません。そのために「カメレオン作曲家」と呼ばれることもあります。

しかし私はストラヴィンスキーの「新古典主義時代」以降の音楽にはまるで魅力を感じません。音楽家でもない私がこんなことを言えば怒られるのを承知で書きますが、彼は

『春の祭典』でピークを終えたと思います。彼の最高傑作は、二十代の終わりから三十代にかけて書いた三大バレエ音楽の「火の鳥」「ペトルーシュカ」、そして「春の祭典」だと思います。この三曲こそ、若き天才がその才能を爆発させた傑作ではないでしょうか。

ストラヴィンスキーは晩年、十二音技法にも背を向け、自分の作品さえも聴こうとはしませんでした。最晩年に彼がレコードで聴いていたのは、ベートーヴェンが晩年に書いた弦楽四重奏曲ばかりだったと言います。

これはすごく不思議なことです。というのは、彼は若い頃、小説家マルセル・プルースト（『失われた時を求めて』の作者）に対し、その曲を否定していたことがあったからです。あるパーティーで、プルーストに「ベートーヴェンはお好きですか？」と訊かれた彼は、「大嫌いです」と答えています。「しかし晩年の四重奏曲は――」とプルーストが言いかけると、彼はそれを遮《さえぎ》り、「ベートーヴェンの書いたものの中で最悪です」と言い放っているのです。

晩年になって、ある人にこのことについて訊かれたストラヴィンスキーはこう答えています。

「ベートーヴェンの晩年の弦楽四重奏曲を称賛するのは、当時のインテリ文士のスタイルで、音楽的な判断というよりも文学的ポーズだった。そうでなければ、私も大いに共鳴するところだった」

この言葉は一見なるほどと思わせるものもありますが、私には苦しい言い訳のように聞こえます。というのは同じ頃、大西洋を渡る船旅の中で、世界的な指揮者アルトゥーロ・トスカニーニと同席した際、ストラヴィンスキーはベートーヴェンのことを「はったり屋」と貶《けな》し、トスカニーニをかんかんに怒らせたことがあったからです。

この二つのエピソードを知った上で、ストラヴィンスキーの若い頃の音楽を聴くと、彼はベートーヴェンのことはまるで認めていなかったように思います。しかし、晩年になり、ようやくその魅力に気づいた可能性があります。

彼は年を経てさまざまな音楽を知るにつれて、音楽の好みも変わっていったのかもしれません。そう考えれば、作風の変化も肯《うなず》けます。そして晩年になってはじめてベートーヴェンの凄さに気づいたのかもしれません。

指揮が難しい曲

「春の祭典」の名盤も少なくありません。第一に推したいのが、イーゴリ・マルケヴィチ指揮フィルハーモニア管弦楽団の演奏です。一九五一年と一九五九年の二種類がありますが、どちらも素晴らしい。かつて「春の祭典」は複雑な変拍子のため、これを完璧に指揮できる指揮者はほとんどいませんでした。マルケヴィチはこの曲を得意としており、「ミスター・サクレ・ド・プランタン（ミスター春の祭典）」という異名を持っていたほどです。その演奏も狂気に満ちたものです。

ズービン・メータ指揮ロサンゼルス・フィルハーモニー管弦楽団の演奏はスピード感抜群です。それでいて迫力もあり、「春の祭典」の魅力を十分に引き出しています。ピエール・ブーレーズ指揮クリーヴランド管弦楽団の演奏も素晴らしい。ブーレーズ自身が前衛的な作曲家であるだけに、リズムと音の切れ味がいい。

また、かつてはこの曲を完璧に演奏できるオーケストラは多くなかったのですが、今ではどこのオーケストラも普通にレパートリーに入っていますし、すこし腕のある学生オーケストラでも演奏します。演奏技術がそれだけ上がったということでもありますが、実際のところはCDのおかげであると思っています。楽団員たちはCDによってこの曲を熟知しているから、極端なことを言えば、指揮者の指示がなくても、複雑な変拍子にも、入りのタイミングにも対応できるのです。

それを考えると、曲の全体像をまるで知らない楽団員たちに、指揮棒だけで指示を与えながら演奏した昔の指揮者は大変だったし、高い能力が必要だったのだろうとあらためて思います。

リスト「ピアノソナタ ロ短調」

酷評の嵐の中、一人の天才は大絶賛

ピアノの魔術師が作った狂気の曲

私はクラシック音楽の中でも特にピアノ曲が好きです。

一九世紀はじめ、クラシック音楽の世界で二人のピアノの天才が生まれました。一人は「ピアノの詩人」と呼ばれたショパン（一八一〇―四九）、もう一人が「ピアノの魔術師」と呼ばれたフランツ・リスト（一八一一―八六）です。二人は同時代に活躍しましたが（ショパンが一歳年上）、ことピアノ演奏技術に関してはリストが圧倒的に上でした。

リストのピアノ演奏はまさしく超絶的でした。もちろん録音が残っているわけではありませんから、実際にどんな演奏だったかはわかりませんが、当時、彼の演奏を聴いた一流の音楽家たちの証言を読むと、そのテクニックは同時代のピアニストの技量をはるかに超えていたことが窺えます。

リストはどんな曲でも初見で弾くことができました。「ペール・ギュント」で知られるグリーグが自作のピアノ協奏曲を見てもらったところ、リストは初見で完璧に弾いたと言います。メンデルスゾーンのピアノ協奏曲も初見で完璧に弾き、それを聴いた彼は友人へ「人生の中で最高の演奏だった」と手紙に書いているほどです。またヴァーグナーのオペラの楽譜を初見でピアノ編曲して素晴らしい演奏をしました。今日の一流ピアニストでも、こんな真似はちょっとできないのではないでしょうか。ちなみにリストが初見で弾けなかったのはショパンの「一二の練習曲」だけだったと言います。しかし数週間後、完璧な演奏でショパンを驚嘆させています。

天才少女ピアニストとして名を馳《は》せていたクララ・ヴィーク（のちにシューマンの妻となる）は、リストの演奏を聴いて感動のあまり号泣しました。また同時代のヴィーンにはタールベルクという天才ピアニストがいましたが（リストと同年代）、リストは二人を煽る人たちによって一八三七年にパリで彼と演奏対決をさせられています。この対決は使われたピアノの鍵盤が象牙《ぞうげ》で作られていたことから「象牙の決闘」と話題になりました。この時、この演奏会を主催したベルジョイオーゾ公妃はタールベルクを傷つけないように「タールベルクは最高のピアニスト、リストは唯一のピアニスト」という言葉を贈っています。しかし実際にはタールベルクはリストの演奏を聴いて呆然としたと言われています。そしてリストがヴィーンに滞在中は演奏会を開きませんでした。

リストは神童でしたが、才能だけでこれほどの演奏家になったわけではありません。十代の頃にパガニーニのヴァイオリン演奏を聴いて衝撃を受け、「ピアノのパガニーニになる」と決意し、それからは一日一四時間をピアノの練習に費やしました。天才がさらに超人的な努力をなしたのですから、とてつもないピアニストが誕生したのも当然です。

リストの演奏は非常に繊細であると同時に力強かったと言われています。そのため演奏中にピアノの弦が切れたり、ハンマー（弦を叩く部分）が壊れることもしばしばあったと言います。

リストの肖像画は多く残されていますが、若い頃の彼は今風の言い方をすれば、「超イケメン」です（201ページの写真）。そんな彼が情熱的にピアノを弾く姿を見て、演奏会では失神する女性が続出しました。リストがステージから退《しりぞ》くと、彼がピアノの上に残したハンカチを奪い合ったと言いますから、その人気は凄まじいものでした。

もちろん、女性には恐ろしくもてました。おそらくクラシック音楽史上もっとも女性にもてた作曲家ではないでしょうか。しかも彼が浮名を流した相手は、多くが当時のヨーロッパ社交界の超一流女性たちです。マリー・ダグー伯爵夫人、カロリーネ・ツー・ザイン＝ヴィトゲンシュタイン侯爵夫人、さらに有名なところでは、ショパンの愛人であったジョルジュ・サンド、ベルリオーズを捨てて他の男と結婚したマリー・モークなど、彼の愛人になった女性たちのリストは壮観です。

最初は、わけのわからない曲だと思ったが……

リストは三十代の終わりに華やかな演奏生活から身を引き、作曲活動に専念します。今日、残されている作品は一四〇〇曲を優に超えると言われています（さらに未完のものが四〇〇曲以上あると言われている）。

彼の作品は宗教曲、合唱曲、管弦楽曲、協奏曲、室内楽曲、歌曲など多岐にわたりますが、「ピアノの魔術師」と言われただけに、何と言ってもピアノ曲がほとんどを占めます。しかし彼のピアノ曲の評価はあまり高いとは言えません。また今日でも人気の点ではショパンに遠く及びません。クラシックファンの間でも、彼のピアノ曲は、「派手で」「これ見よがしで」「技術をひけらかしている」と言われることが多いようです。ショパンのように親しみやすいメロディーがないのも、理由の一つだろうと思います。

しかしリストの音楽は時代を先取りした曲が多い。ヴァーグナーが「トリスタンとイゾルデ」で使った斬新な和音を、それよりもはるかに前に使い、またのちのアルノルト・シェーンベルクの十二音技法を先取りしたような曲も書いています。またラヴェルやドビュッシーなどの「印象派」にも多大な影響を与えています。リヒャルト・シュトラウスが発展させた「交響詩」もリストが創始しました。その意味で、リストは一九世紀後半から二〇世紀にかけての音楽に多大な影響を与えた作曲家と言えます。もっと評価されていいと思います。

ところで不思議なことに、夥《おびただ》しいピアノ曲を作りながら、ピアノソ

アンリ・ラマン「フランツ・リストの肖像」

（カルナヴァレ美術館蔵）

ナタはたったの一曲しか作っていません。今回、紹介するのは、このリストの「ピアノソナタ　ロ短調（以下「ロ短調ソナタ」）」です。

この曲は、リストが四一歳から四二歳にかけて作った作品です。普通、古典的なピアノソナタは三楽章ないし四楽章からなりますが、この曲は全一楽章で構成されています。しかも演奏時間は三〇分もかかります。それだけでも斬新と言えますが、中身はそれ以上に前衛的です。

それゆえ、この曲は発表されるや、激しい非難を浴びました。いや、非難などという言葉ではおさまらないほどの酷評でした。当時、ヨーロッパ一の音楽評論家ハンスリックは次のように評しました。

「《ロ短調ソナタ》は、ほとんどいつもむなしく動いている天才の蒸気製粉機である。ほとんど演奏不可能な、音楽の乱暴である。私はいまだかつて、支離滅裂な要素がこれほど抜目なく厚かましくつなぎ合されたものを聴いたことがなかった。（中略）この作品を聴いて、しかもなかなかの曲だと思うような人は、もうどうすることもできない（ハンスリック、2月28日付《新自由新聞》〔Neue Freie Presse〕）」（淺香淳編『新編 世界大音楽全集 器楽編17 リスト ピアノ曲集I』音楽之友社）

この曲が捧げられたシューマンの妻クララは日記にこう書いています。

「ただ目的もない騒音にすぎない。健全な着想などどこにも見られないし、すべてが混乱していて明確な和声進行は一つとして見出せない。そうは言っても、彼にその作品のお礼を言わないわけにはいかない。それはまったく大儀なことだ」

いやはや、もうこれ以上はないというくらいの悲惨なまでの酷評です。しかし当時の音楽界はリストのソナタに対して、たいていこれと同じような批判をしました。

その理由もわからないではありません。何しろ主題からして実に奇妙で、ほとんど旋律とは言えない不気味な音階なのです。一応、「ロ短調」とはなっていますが、無調に近いくらいに調性はあやふやで、音楽は一見（一聴？）とりとめがなく、ハンスリックが言うように「支離滅裂」に聴こえます。しかしよく聴くと、全体は大きく分けて三つの部分から構成されているのがわかります。それは古典的な三楽章形式に似ていますが、「ロ短調ソナタ」の場合、それが一つの主題で押し通されているため、全曲に有機的な統一感があります。

冒頭は静かな不気味な和音で始まりますが、主題が出てくると、音楽はたちまち嵐のような旋律となります。そこで用いられている超絶技巧は現代のピアニストさえも悩ませます。やがて緩徐楽章風のゆっくりした部分を経て、フーガ風の音楽が始まります。そしてコーダの激しい闘争があり、最後は静かに消えるように終わります。

私もはじめて聴いた時は、「わけのわからない曲」だと思いました。同じリストの「ラ・カンパネッラ」「愛の夢」などは、実に魅惑的な音楽なのに、「ロ短調ソナタ」には、そんな甘美なメロディーは微塵もないからです。まさにクララ・シューマンが受けたのと同じような感想を持ちました。いや、正直に言うと、狂人が作った曲ではないかと思ったほどです。

しかし何度も聴くうちに、次第にその全貌が見えてきました。すると不思議なことに次第に惹かれていくようになり、さらに聴き込むと、「これは古今のピアノソナタの最高傑作ではないか」と思うまでになりました。もっとも私ごときが、他の作曲家の作品との優劣などはつけられません。しかし「もっとも好きなピアノ曲」と言う分には誰に遠慮することもないでしょう。そう、今ではこの曲は私のお気に入りの一曲となっています。

驚くのは、当時の音楽界から散々酷評された「ロ短調ソナタ」を、大絶賛した男がいたことです。一九世紀音楽界の怪物ヴァーグナーです。彼はこの曲に次のような言葉を捧げています。

「美に関するあらゆる概念を超越した作品。偉大にして優美、荘重にして高貴な、きわめてノーブルな楽曲」

アルゲリッチの名演で「美のシャワー」を浴びる

今日、「ロ短調ソナタ」はリストの代表作と評価され、多くの名ピアニストがこぞって弾いています。素晴らしい名盤が目白押しです。

まず「ピアノの魔神」とも呼ばれたヴラディーミル・ホロヴィッツの演奏。若い時のモノラル録音も捨てがたいですが、後年の録音は音も良く、迫力満点です。この曲の持つ外面的要素の魅力を全面的に押し出した演奏で、実に魅力的です。

二〇世紀最大のピアニストの一人、スヴャトスラフ・リヒテルはこの曲を得意とし、何種類かのライブ録音が残っていますが、どれも唖然《あぜん》とするほど素晴らしい。技術的に申し分ない上に内容の深さに感銘を受けます。個人的な意見で申し訳ないが、「ロ短調ソナタ」の演奏で、リヒテルを上回る演奏が生まれるとは思えません。それほどリヒテルの演奏は圧倒的です。

しかし実は個人的にリヒテル以上に好きなのが、マルタ・アルゲリッチです。ホロヴィッツやリヒテルのような火山の爆発を思わせるような迫力はありませんが、その研《と》ぎ澄《す》まされた音は、前記二人にはない鋭さがあります。特に「第一楽章」に相当する部分の終わりくらいに（七分前後）右手が鍵盤を駆け巡るところがありますが、アルゲリッチの演奏で聴くと、まるで「美のシャワー」を浴びている感じがします。「終楽章」にあたる部分のスピードは、リヒテルさえも及ばないほど凄い。これも歴史に残る名盤と思います。

マウリツィオ・ポリーニは完璧無比の演奏。すべてが見事なまでにコントロールされている。もし「ロ短調ソナタ」ととことん向き合いたいなら、この演奏をお薦めしたい。

他にもエミール・ギレリス、クリスティアン・ツィメルマン、アルフレート・ブレンデル、ピーター・ドノホーなど、名盤が多い。

モーツァルト「ピアノ協奏曲第二〇番」

悪魔と狂気に取り憑かれた天才

父のお気に入りの曲

私の父は大のクラシックファンでした。大正一三（一九二四）年生まれで高等小学校しか卒業していない父が、戦前は上流階級の趣味と言われていたクラシック音楽になぜ興味を持ったのかはわかりません。父が亡くなった今、一度聞いておけばよかったと悔《く》やまれます。

私が幼い頃（昭和三十年代）、レコードのLP盤（直径三〇センチ）は一枚二〇〇〇円前後していました。当時、父の給料は一万円程度でしたから、百田家に新品レコードを買える余裕はもちろんありません。私が物心ついた頃、わが家にあったクラシック音楽のレコードはEP盤（直径一七センチ）も含めて一〇枚ほどだったと思います（当時はおそらくすべて中古。昭和四十年代に入ると給料も増えて、コレクションの数も徐々に増えてはいったが）。父はその一〇枚ほどのレコードを繰り返し大切に聴いていました。その中の一枚にモーツァルト（一七五六―九一）のピアノ協奏曲のレコードがありました。

A面に「ピアノ協奏曲第二〇番 ニ短調（K466）」、B面に「同第二四番 ハ短調（K491）」が入っていました。演奏は女流ピアニストのクララ・ハスキルとイーゴリ・マルケヴィチ指揮のコンセール・ラムルー管弦楽団です。なおK以下の数字は「ケッヘル番号」と言い、モーツァルトの全作品につけられた作曲順の番号です。

父はこの「第二〇番」が大好きでしたが、幼い頃の私には何とも怖くて奇怪な曲というイメージがありました。第一楽章の序奏のしばしばトゥッティ（全合奏）が一斉に休止するところなどは、レコードが壊れているのではないかと思ったほどです。全曲を演奏すると三〇分以上かかるのも、子供にとっては気の遠くなるほどの長さです。

ところが成人してクラシック音楽の魅力に取り憑かれてからは、この曲は大のお気に入りになりました。モーツァルトの後期の八曲のピアノ協奏曲（第二〇〜二七番）は傑作揃いですが、その中でも「第二〇番」はひときわ優れた曲です。

モーツァルトは作曲に関してはオールラウンドプレーヤーで、あらゆるジャンルの曲を書きました。交響曲、オペラ、協奏曲、室内楽曲、器楽曲と、およそ彼が書かなかったジャンルはありません。そのほとんどの曲は誰かに頼まれて作曲したもので、つまりモーツァルトという作曲家は芸術家というよりはむしろ職人でした。

だから彼は曲を依頼してきた楽団やソリストの力量に合わせて作曲するというモットーを持っていました。たとえば「初心者のための小クラヴィーア・ソナタ」という副題がつけられている「ピアノソナタ　ハ長調（K545）」は、おそらく弟子のレッスン用に書かれたもので、テクニック的にはきわめて易しく書かれています。にもかかわらず晩年を代表する傑作となっているところにモーツァルトの凄味があります。

このように彼は依頼主のリクエストに合わせて曲を書くのが常でしたが、一つだけ例外があります。それがピアノ協奏曲です。彼の二七曲あるピアノ協奏曲はそのほとんどが自分が公開演奏で弾くために作曲したものです。つまり彼がピアノ協奏曲を書く時は、他人の演奏のことなどを考慮することなく、本当に書きたい音楽を書きました。またピアノ演奏の名手であったからピアノパートも力をセーブする必要はありません。とはいえ、テクニック的には難しく書かれているわけではありません。むしろ音は少なめでもあります。

実はここにはすこし理由があるのですが、それはのちに述べます。

また音楽的にも実に深いものがあります。もしかしたらモーツァルトは自分の芸術性をもっとも強く打ち出したいと思った時、自らが演奏するピアノ協奏曲でそれを表現したのではないでしょうか。

悪魔と狂気に取り憑かれた作曲家

「ピアノ協奏曲第二〇番」はモーツァルトがピアノ協奏曲ではじめて書いた短調の曲です。実は彼は徹底した長調の作曲家です。なぜなら短調が当時の多くの聴衆に好かれないことを知っていたからです。しかし、この曲で彼は自らの禁を破り、ニ短調という非常に暗い調性で作曲しました。ちなみにニ短調は彼のもっとも悲劇的なオペラ「ドン・ジョヴァンニ」序曲や彼の絶筆となった「レクイエム」と同じ調性です。

クラシック音楽をあまり聴かない人には、モーツァルトという作曲家は優雅でチャーミングな曲を書く人と思われているようですが、そのイメージくらい誤ったものはないと思っています。私には、モーツァルトは悪魔と狂気に取り憑かれた作曲家に見えます。ふだんはそれを極力抑えて明るく優雅な曲を作っていますが、時折、マグマが吹き出すように、暗く不気味な短調の音楽を書くのです。そしてそこにこそモーツァルトの本当の凄さが表れます。その証拠に、モーツァルトが書いた音楽は圧倒的に長調の曲が多いのに、彼の傑作には短調の曲が多いのです。

「ピアノ協奏曲第二〇番」は、冒頭から得体の知れない何かが近づいてくるような不気味な音楽で始まります。それは聴く者の心を不安と恐怖で揺さぶるような響きです。ベートーヴェンの「交響曲第五番《運命》」のようないきなり襲いかかるような激しい「運命」ではありません。むしろ静かに忍び寄る死神の足音に似ています。やがてトゥッティでフォルテが奏されると悲劇性が一気に増します。

オーケストラの提示部が終わると、ピアノが新しい主題で静かに入ってきます。この動《どう》から静《せい》への転換も見事です。しかしまもなくオーケストラと闘争を繰り広げるような劇的な展開を見せます。こんな言い方は適切ではないのを承知で言いますが、この劇的展開はベートーヴェン的です。いや、正しくはベートーヴェンを先取りしていると言うべきでしょうか。実際、モーツァルトより一四歳年下のベートーヴェンはこの曲に対して強い愛着を持ち、この曲のカデンツァを作曲しているほどです。カデンツァというのは、古典的協奏曲にはつきものの部分で、楽章の終わり部分に演奏者がソロで名人芸を見せるところです。モーツァルトの場合、カデンツァは楽譜にしていないことが多く、つまり演奏者のアドリブ（即興演奏）に任せています。おそらくモーツァルトが実際に演奏会で弾く時も即興で弾いたはずです。

即興と言えば、彼のピアノ協奏曲にはピアノパートの部分も即興に委《ゆだ》ねられているところが少なくありません。というのはもともと彼自身が弾くために書かれたものですから、細かい楽譜や指定は必要なかったのです。つまり楽譜は簡単にしておいても、実際に弾く時は即興でいくらでも難しく弾くことができたのです。のちの時代になると、協奏曲はプロの演奏家が弾くようになり、作曲家も楽譜にはきっちりと音符を書き、細かい指定も書くようになりましたが、モーツァルトの時代はそうではありませんでした。

だから、これは私の個人的な考えですが、現代でモーツァルトのピアノ協奏曲を弾く場合、ピアニストは自由にアドリブを加えるべきだと思います。これはモーツァルトの楽譜を尊重していないのではけっしてありません。むしろそれこそモーツァルトが望んだ演奏だと思うからです。実際にモーツァルトは演奏会でダ・カーポ（繰り返し）をする時は、必ず一度目と違う演奏をしたと伝えられています。現代の演奏家がダ・カーポを「楽譜通り」機械的に同じように弾くのは、むしろモーツァルトの意図に反しているのではないかとさえ考えてしまいます。彼のピアノ協奏曲のピアノパートに非常に音符が少ないのは、即興演奏の余地を残しているからなのです。

話がだいぶ脇にそれましたが、第二楽章はモーツァルトの数多い曲の中でも、屈指の名曲ではないかと思います。ピアノが単音で奏でる美しいメロディーは、聴く者を慰撫《いぶ》するような優しさに満ち溢れていて、しかし同時に胸に迫る切なさがあります。モーツァルトの数奇な生涯を描いた映画『アマデウス』のエンディングのタイトルバックにこの楽章の全曲が使われましたが、私にはまるで彼の鎮魂曲のようにも聴こえます。

第三楽章は打って変わって再び激しい闘争が繰り広げられます。しかし、それはベートーヴェンのような勝利に向かう闘争ではありません。あたかも抗えない運命に押し潰されるような悲痛さに満ちています。全曲を暗い雲が覆うように短調が支配しますが、幾度か雲の隙間《すきま》から陽光のような長調が顔を覗《のぞ》かせます。しかしそれはいずれも一瞬で、けっして真に明るい光とはなりません。

やがてカデンツァを経て、長調となってはじめて明るさを取り戻すかに見えますが、本当の明るさではありません。そして悲劇の色を残したまま曲は激しく終わります。この曲こそ、二十代終わりに円熟期を迎えようとしていたモーツァルトが、自らの作曲家としての持てる力を結集させて作った大傑作と断言します。

私の妻に似ている！

さて、この曲は一流ピアニストが弾くCDなら何を聞いても不満を感じることはまずありません。その中でもあえて何枚か選んでみましょう。まずはフリードリヒ・グルダ（ピアノ）とクラウディオ・アバド指揮ヴィーン・フィルハーモニー管弦楽団の演奏です。グルダのピアノ演奏はベートーヴェン的な力強さを持った雄渾《ゆうこん》なもので、それでいて優美なたたずまいも失われていません。ただしバックのオーケストラはやや平凡。カデンツァはベートーヴェンのものと同時代のピアノの名手ヨハン・ネポムク・フンメルのものを弾いています。

次はヴラディーミル・アシュケナージが弾《ひ》き振《ふ》り（ピアノ演奏と指揮の両方を行なう）のフィルハーモニア管弦楽団の演奏です。アシュケナージの端正な演奏はとにかく美しい。カデンツァはベートーヴェンのものを弾いています。アシュケナージに限らず、モーツァルトのピアノ協奏曲はピアニストが自ら指揮を兼ねて録音するケースが比較的多い。そのほうが思うがまま演奏できるからでしょうか。ダニエル・バレンボイム、マレイ・ペライアなども弾き振りしていますが、いずれも名演です。

ところで、かつて父が愛聴していたレコードも今やCDとしてわが家のラックに収まっています。クララ・ハスキルとイーゴリ・マルケヴィチの演奏は、今となってはずいぶん古い録音となって、音もよくありませんが、これは歴史的名演です。モーツァルト弾きとして名高い女流ピアニスト、ハスキルのピアノの美しさは言葉を失います。まさしく玉を転がすようなと言いたくなる音は、モーツァルトの悲しみを見事なまでに表現しているように思います。カデンツァはハスキルの自作ですが、とても素晴らしい。これはまったくの余談ですが、私の妻はハスキルの若い頃の顔に非常に似ています（上の写真）。はじめて会った時に惹かれたのですが、もしかしたら、幼い頃からレコードジャケットにあるハスキルの顔を何度も見てきて、刷り込まれていたのでしょうか。

最近流行りのピリオド楽器（作曲当時の楽器）による演奏なら、マルコム・ビルソンがモーツァルト時代のフォルテピアノを弾き、ジョン・エリオット・ガーディナーが指揮したイングリッシュ・バロ

クララ・ハスキル

ック・ソロイスツの演奏がいい。フォルテピアノの素朴な音が心に染み入ります。カデンツァはおそらくビルソンの自作。このコンビはモーツァルトのピアノ協奏曲全曲を録音していますから、興味のある方は全集を購入されてもいいと思います。

最後に一枚、私が偏愛しているCDを挙げます。不世出の指揮者ヴィルヘルム・フルトヴェングラーがベルリン・フィルハーモニー管弦楽団を指揮して、フランスの女流ピアニスト、イヴォンヌ・ルフェブールが弾いた演奏です。これほど不気味で恐ろしい演奏はありません。一九五四年にルガノで行なわれたライブ録音で、音はきわめて悪いですが、モーツァルトのデモーニッシュな凄さを極限までに引き出した異様な演奏です。長年にわたってナチスと戦い続け、また第二次世界大戦中は連合国の爆撃の嵐の中を生き抜いたフルトヴェングラーはこの演奏の半年後に亡くなりますが、まるでその運命を知っているかのように、暗く激しい響きが全曲を覆います。これもまたモーツァルトの「ピアノ協奏曲第二〇番」のもう一つの顔です。

ラヴェル「夜のガスパール」

夜一人で聴いていると、異世界に吸い込まれそうになる

幻想的な詩にインスパイアされて作曲

「ボレロ」で知られるモーリス・ラヴェル（一八七五―一九三七）は「オーケストラの魔術師」と異名を取った作曲家ですが、実は管弦楽以上にピアノの作曲技法に長けていました。

二〇世紀前半のフランスに、二人の天才ピアノ作曲家が現れました。一人はドビュッシー、もう一人がラヴェルです。二人のピアノ曲はそれまでの一九世紀のピアノ曲とはまるで違うものでした。主観的な表現で申し訳ありませんが、ふわふわと漂うような、あるいは夢の中にいるような不思議な感覚の曲です。クラシック音楽に全然詳しくない人でも、

モーツァルトやベートーヴェンのピアノ曲との違いは一瞬で聴き分けられます。半音階が多用され、調性的には長調とも短調とも言えない和声がふんだんに使われています。ドビュッシーの「牧神の午後への前奏曲」でも書いたように、二人の音楽につけられた「印象派」という呼び名はもともとは揶揄して使われた言葉でした。

面白いことに、この二人の印象派作曲家は愛好家の間で好みが分かれるように思います。ここで打ち明けると、私はラヴェル派です。ドビュッシーの音楽も私を魅了しますが、ラヴェルにより強く惹かれます。

そんなラヴェルのピアノ曲で私のお気に入りは、「夜のガスパール」です。ラヴェルは一九〇八年、三三歳の時にフランスの詩人アロイジウス・ベルトラン（一八〇七―四一）の遺作詩集『夜のガスパール』を読んでインスピレーションを受けて作曲しました。ベルトランは貧困と病で三四歳の若さで世を去った天才詩人ですが、生前はまったく無名でした。死後に出版された『夜のガスパール』もまったく売れず、その後何年も経ってから評価され、ボードレールなどに大きな影響を与えたとされています。その作品は、死者、悪魔、霊魂、あるいはこの世のものでない存在などが現れ、幻想的で悪夢的です。ちなみにガスパールとは、キリストの生誕を予見し、それを祝うためにベツレヘムへ赴《おもむ》いた東方三博士の一人の名前ですが、ベルトランはあえてその名を「悪魔的なもの」という存在として詩集のタイトルにつけました。

不気味で怪奇な世界

「夜のガスパール」は「オンディーヌ」「絞首台」「スカルボ」の三曲からなり、演奏時間は各五〜一〇分ほどの小品ですが、いずれもきわめて幻想的な曲です。以下、ベルトランの詩の内容と共に紹介しましょう（アロイジウス・ベルトラン作、及川茂訳『夜のガスパール』岩波文庫）。

第一曲「オンディーヌ」は、人間の男に恋した「水の精」オンディーヌが、月の夜、窓辺にやってきて「私と結婚してほしい」と愛の告白をします。男がそれを断ると、オンディーヌは悲しみの涙を流しますが、やがて大声で笑うと、窓ガラスに流れる水滴となって消えていく——という詩です。

音楽は、窓ガラスを叩く水の様子を表すような美しいトリル（二つの音を交互に鳴らす奏法）から始まります。この描写力というか表現力は凄いとしか言いようがありません。一台のピアノでここまで表現できるものなのでしょうか——。

そしてトリルを背景にオンディーヌが愛を囁くのですが、この部分はため息が出るほど魅惑的です。時折流れるアルペジオ（分散和音）はとろけるような美しさを持っています。最後に愛を拒絶されたオンディーヌが突如笑い声を上げて消えていく様も見事です。聴き終えたあとに、悲しみともむなしさともつかない不思議な余韻に満たされる音楽です。

余談ですが、私は自著の『モンスター』（幻冬舎文庫）という小説で、この曲の名前を使っている部分があります。『モンスター』は、醜《みにく》い顔をした女性が主人公の小説です。周囲からの嘲《あざけ》りの中で十代を過ごしたヒロインは上京し、整形手術を繰り返して絶世の美女となり、二〇年以上の時を経て、かつて自分を追った故郷に舞い戻ってきます。そして彼女は小高い丘に瀟洒《しょうしゃ》なレストランを建て、初恋の男がやってくるのをじっと待つのですが、実はこのレストランの名前が「オンディーヌ」なのです。つまり私にとってヒロインのイメージの一つが、この妖しい水の精オンディーヌだったのです。もちろん『モンスター』を書いている時に、何度もこの曲をBGMにしていました。

第二曲「絞首台」は、夕暮れの中に寂《さび》しく立つ絞首台を表現したものです。聞こえてくるのは夜の北風か、吊《つ》るされた死者の吐息か。それとも絞首台の根元で歌うこおろぎか、死者の頭蓋骨《ずがいこつ》から血にまみれた髪の毛をむしっているかぶと虫か――という自問するような言葉が連《つら》ねられます。それは実際の絞首台の描写ではなく、ベルトランの心の中にある怪奇な心象風景です。

ラヴェルの音楽では、鐘の音を表すようなオクターブの和音で奏でられ、これは曲の最初から最後まで鳴り続けます。そして前述したような詩人の不気味な想像の世界が音で描かれます。曲のテンポは一定ですが、想像のシーンが変わるごとにリズムはめまぐるしく変化します。しかし音楽は終始、陰鬱で暗く、最後は静かに消えていくように終わります。

第三曲「スカルボ」は、地の底に住む悪霊スカルボが家の中に現れては消えるという怪奇な現象を描写した詩です。壁のくぼみの陰で笑う声や、寝台のカーテンに爪をきしませる音を立てたかと思うと、天井から垂《た》れ下がってきたり、部屋の中を転げ回ったり、不思議な動きを見せます。やがてロウソクのロウのように青ざめて透《す》きとおり、突然、消えていく――。これも実に奇怪な詩です。

ラヴェルの音楽は、スカルボが現れては消え、あたりを飛び回る様子を時にダイナミックに、時に幻想的に、時に華麗に表現していきます。そこに使われる演奏技術は最高難度で、ピアニストには超絶的な技巧が要求されます。

「夜のガスパール」は三つの曲を合わせた曲集のように見えますが、実は三つ合わせて一つの曲とも言えます。「オンディーヌ」はソナタ形式の第一楽章、「絞首台」は中間の緩徐楽章、「スカルボ」は速いロンドの終楽章という具合に、全体として眺めると、古典的な三楽章のピアノソナタに近いものとなっているのです。

「オーケストラの魔術師」と言われたラヴェルは自身のピアノ曲のいくつかを管弦楽曲にしていますが、なぜか「夜のガスパール」は管弦楽に編曲しませんでした。ただ、彼自身はオーケストラの響きを想定していたとも言われています。ラヴェルから直接この曲の説明を受けた名ピアニストのヴラド・ペルルミュテールによれば、楽曲の説明の時にラヴェルはオーケストラの楽器の音を例に出したと言います。もし管弦楽用に編曲していれば、「夜のガスパール」は、彼自身が編曲した「展覧会の絵」（原曲はムソルグスキーのピアノ組曲）のように、豪華絢爛たる管弦楽曲になっていた可能性があります。それが聴けないのは残念な気もしますが、しかしラヴェルがそうしなかったのは、もしかするとピアノ曲として完成されていると思っていたからかもしれません。それほどこの曲はピアノの美しさを極限にまで追求した曲です。

一九九〇年にマリウス・コンスタンというフランスの現代作曲家が管弦楽に編曲し、その楽譜をもとに録音されたCD（アレクサンドル・カラジッチ指揮ビーレフェルト・フィルハーモニー管弦楽団による演奏）があるようですが、私は未聴です。聴いてみたいような気もしますが、オリジナルの魅力を損《そこ》なうようで聴きたくないような気もします。

私は「夜のガスパール」を夜、一人で部屋にいる時によく聴きます。家人が寝静まった静かな部屋でこの曲を聴いていると、不思議な気持ちになってきます。この世のものでない世界の中に誘い込まれるような感覚に襲われるのです。面白いのは明るい昼間に聴いても、そんな感覚にはならないことです。その意味で、「夜のガスパール」は夜の音楽であると思います。ちなみに三つの曲ともいずれも舞台は夜です。

ラヴェルは晩年、交通事故の影響で脳に障害を来《きた》し（交通事故以外の原因説もある）、楽譜に文字が書けなくなって作曲活動ができなくなりました。友人に泣きながら「僕の頭の中には音楽がいっぱいあるのに、それを楽譜に書くことができない」と言ったという証言が残されています。彼の音楽には、そんな彼の悲劇を予感させるような暗くて不気味な曲が多い。「夜のガスパール」はまさしくそれを象徴しているような気がしてなりません。

ラヴェル自身の演奏は？

推薦CDですが、ラヴェルと同じフランス人ピアニスト、サンソン・フランソワの演奏が素晴らしい。ラヴェルとドビュッシーを得意にしていた彼は天才肌で気分のむらがあり、出来不出来が激しかったピアニストと言われていますが（アルコール依存症だったとも言われている）、この曲との相性は抜群によく、幻想的で怪奇性を前面に打ち出したスケールの大きな演奏になっています。「オンディーヌ」におけるアルペジオの美しさは絶品です。「絞首台」でも不気味な雰囲気がふんだんにあります。

マルタ・アルゲリッチはテクニックと音の煌めきが群を抜いています。「スカルボ」における超絶的技巧は唖然とする上手さです。もちろん「オンディーヌ」も最高に美しい。ピアニスティックな美しさでは随一かもしれません。

フリードリヒ・グルダの演奏も最高級のものです。バッハやモーツァルトやベートーヴェンといったドイツ音楽を弾かせたら無類の演奏をするグルダですが、実はドビュッシーやラヴェルの印象派の音楽も得意としています。ちなみにグルダはジャズの演奏も一流です。

他にはイーヴォ・ポゴレリチ、アンドレイ・ガブリロフの演奏も文句のつけようがありません。

ラヴェル自身がピアノロール（自動ピアノ）に録音した「絞首台」の演奏が残っているそうですが、私は未聴です。どんな演奏であったか大変興味深い。

ビゼー「カルメン」

「音楽が持つ力」をまざまざと感じさせる曲

魔性の女

「カルメン」というヒロインの名を知らない人はいないでしょう。燃えるような情熱を持った恋多き女――その性格も含めて世界のあらゆる物語の中でもっとも有名なヒロインの一人です（原作はフランス人作家プロスペル・メリメの同名小説）。

カルメンはフランスの天才作曲家ジョルジュ・ビゼー（一八三八―七五）が作った同名のオペラに登場する女性ですが、これほど人口《じんこう》に膾炙《かいしや》したオペラはありません。実際にこのオペラを見たことがなくても第一幕の前奏曲や「闘牛士の歌」のメロディーを知らない人はいないでしょう。

物語を大雑把《おおざっぱ》に説明すると以下のようなものになります。

舞台は一八二〇年頃のスペイン（ただしオペラはフランス語）。主人公のドン・ホセは衛兵の伍長です。ミカエラという心優しい許嫁がいます。そんなホセにタバコ工場に勤めるロマのあばずれ女カルメンが惚れます。ホセもまたカルメンを愛し、とうとう軍を脱走し、ミカエラも捨てて、カルメンと共に山賊に身を投じ、お尋ね者となります。しかし恋多き女カルメンは闘牛士エスカミリオに恋をします。嫉妬に狂ったホセはカルメンを刺し殺して物語は終わります。

こうして書くと、今もよくある男女の痴情のもつれから来る三面記事の事件を物語にしたといった感じです。不倫、二股、転落、ストーカー行為、殺人と、まさしく現代の週刊誌を飾るような出来事がテンコ盛りですが、このオペラが作られたのが一八七四年（明治七年）ということを考えると、その現代性に驚くばかりです。

「カルメン」が作られるまで、カルメンのようなキャラクターはオペラに一度も登場しませんでした。それまでオペラに出てくるヒロインたちは、多くが上流社会の理想的な女性であり、ある意味、定形化されたキャラクターたちでした。それが自分の心に忠実に、自由奔放に生き、不倫を厭《いと》わず、そして死さえも恐れない女が現れたのですから、当時のオペラの常識を覆《くつがえ》したと言っても過言ではないでしょう。

文字では表現できない世界

それにしてもオペラを聴いていると、音楽の持つ力の凄さを思い知らされます。一見何でもない物語に見えても、素晴らしい音楽がつけられた途端に迫真のドラマとなるから面白い。

たとえば第一幕でドン・ホセがカルメンに薔薇の花を投げつけられ、その瞬間にあばれ女に心を奪われてしまうのですが、その部分はセリフではいっさい語られていません。しかし彼の心の変化は音楽を聴けば、誰でもわかります。わずか数小節の短い音楽ですが、恋の魔力に搦《から》め捕《と》られたホセの心が見事に表現されています。ここには言葉は必要ありません。いやむしろ言葉で説明しないからこそ、いっそう観客の心に突き刺さるのです

——これがオペラなのです。

カルメンの魅力は音楽が見事なまでに描写しています。彼女の歌う唄《うた》は非常に扇情的で「魔性の女」的な魅力に溢れています。ストーリーを知らない者でも、カルメンの歌を聴いて、純情可憐なヒロインを連想する者はまずいないでしょう。その代表的なのが「ハバ

ネラ」です。「ハバネラ」はもともとキューバの民俗舞曲で一九世紀にスペインに輸入されたものですが、作曲者のビゼーがスペインの音楽と勘違いして書いた曲です。それはともかく、ここでカルメンの歌う「ハバネラ」は彼女の奔放で謎めいた性格を見事に表しています。独特のリズムで下降する半音階に沿って歌われる歌詞の冒頭は以下のようなものです。

「恋は野鳥、誰にも手なずけることはできやしない。呼んでも無駄さ」

この歌詞はまさにカルメンの生き方を象徴しています。

そのカルメンと対照的な女性として描かれているのがホセの許嫁ミカエラです。彼女の登場は少ないですが、その歌の切ないまでの美しいことと言ったらありません。まさに純情な乙女の歌です。第一幕で愛しいホセを訪ねてきて歌うミカエラのアリアは聴く者の心を打ちます。それはまさに貞淑で純情な乙女の歌です。奔放なカルメンの歌に対して見事な対照を描いています。フランス語なんかわからなくても、二人の女性の性格の違いが歌を聴けばたちどころに理解できます。

第一幕でカルメンの虜《とりこ》になり、罪を犯したカルメンを逃がした廉《かど》で、営倉《えいそう》（軍隊の牢獄）に放り込まれたホセは、第二幕でカルメンを追って、軍を脱走します。第二幕でホセの恋敵《こいがたき》となる闘牛士エスカミリオが登場しますが、彼の歌う「闘牛士の歌」は実に勇壮な音楽で聴く者の心を沸き立たせる魅力があります。エスカミリオはカルメンに言い寄りますが、ホセに夢中のカルメンは相手にしません。

第三幕で山賊の仲間となっていたホセとカルメンのもとへ再びエスカミリオが現れます。カルメンは命がけで自分を追ってきたエスカミリオに心を奪われます。そこへホセの許嫁のミカエラが現れ、ホセの母親が危篤だと告げます。ホセは後ろ髪を引かれる思いで山を降ります。この第三幕で印象的なのはカルメンがカードで自らの運命を占うところです。「死」のカードをめくったカルメンは、自分は近いうちに死ぬことを悟ります。

こうして緊迫の度合いを深めた物語は、第四幕で悲劇へと突入します。第四幕は劇的などという言葉では足りないくらいドラマティックです。舞台は闘牛場の前、輝かしい音楽に乗って群衆の歓呼の声に送られてエスカミリオが闘牛場へ入っていきます。彼を追ってカルメンが闘牛場へ入ろうとした時、ホセが現れますが、音楽はここで一変します。小説家である私はこういう場面を聴くと、音楽家を心から羨ましく思います。まさに一瞬で場面がすべて変わり、あらゆる状況が緊迫の度合いを一度に高めるからです。文字だとこうはいきません。

音楽は聴く者の不安を掻き立て、来《きた》るべき悲劇をはっきりと暗示します。ホセはカルメンに、自分のもとへ戻って来てくれと懇願します。しかしすでに心はホセから離れてエスカミリオに恋しているカルメンは一顧だにしません。そんなカルメンにホセは切々と想いを訴えますが、この歌は胸に迫ります。心変わりした女に対して、もう一度振り向いてくれと無駄な訴えをしたことのある男なら、ホセの歌を聴いてその心情に心打たれずにはいられないでしょう。何の自慢にもなりませんが、私には痛いほどわかります。

しかしいったん心が離れた男からいかに切々と訴えられても、女性が再び彼を愛することなどまずありません。まして誰よりも自分の心に忠実に生きるカルメンです。「私は自由に生きて、自由に死ぬ」とホセに告げるカルメンの言葉は崇高ですらあります。愛などというものは同情で与えるものではありません。カルメンにとって「愛」とは野鳥と同じなのです。気まぐれで、けっして手なずけることなどできません。カルメンはなおもすがるホセに向かって、「愛していない」と言い放ち、彼からもらった指輪を投げ捨てます。

このあたりの音楽が凄いのは、二人の緊迫したやりとりにかぶさるように闘牛場で勇壮な音楽が鳴り響いていることです。闘牛場からはエスカミリオに声援を送る観客たちの歌が聴こえています。エスカミリオが牛を相手に戦っている様子が観客の歌でわかります。

つまり同じ舞台で二つのドラマが演じられ、それが短調と長調の音楽となって混じり合い、凄まじい効果を生んでいるのです。まさに天才の技です。

カルメンの心がもはや自分に戻ることはないと悟ったホセはついにナイフを抜きます。そして「どうしても男のもとへ走るなら、お前を殺す」と言います。しかしカルメンは逃げることなく、「殺すなら殺せ！」と叫びます。絶望したホセはカルメンを刺し殺します。崩《くず》れ落ちるカルメン——音楽は悲痛な響きを奏でるが、その時、闘牛場ではエスカミリオが牛を倒し、観客の歓呼の声はクライマックスとなります。

闘牛場から出てきた群衆やエスカミリオが呆然と見つめる中、ホセはカルメンの死体を抱き、彼女の名を呼ぶ。そして「愛しいカルメン」と言って泣き崩れたところで幕が閉じられます。何とも強烈なオペラです。

ところで、今では大変な人気のこのオペラが初演は失敗に終わり、長らく不人気を託《かこ》っていたというのだから不思議なものです。理由は、それまでオペラのヒロインとしては描かれなかった下賤の身分である女工が主役であるということ、また女声低音のメゾソプラノ（オペラのヒロインは高音のソプラノがほとんどだった）ということ、物語が露骨な痴情による殺人を描いていることなどが挙げられていますが、言い換えれば、それだけ先進的なオペラであったということです。

ビゼーは初演の三ヵ月後に、失意のうちに三六歳の若さで敗血症《はいけつしょう》によって世を去ります。彼の死後、「カルメン」は次第に認められ、前述したように、現在ではあらゆるオペラの中でもっとも人気のある演目の一つとなっています。

カルメンが乗り移ったかのようなマリア・カラス

「カルメン」の名演としてまず挙げられるのが不世出のディーヴァ（歌の女神）、マリア・カラスがタイトルロールを歌ったCDです（ジョルジュ・プレートル指揮パリ国立歌劇場管弦楽団の演奏）。一九六四年の録音だからすでに半世紀以上も前の録音になりましたが、演奏はまったく古びていません。カラスの歌うカルメンは本当に凄い。彼女の持つ妖艶と奔放と激情を見事なまでに表現しています。まさにカルメンが乗り移ったかのような鬼気迫るド迫力です。ただ他の歌手陣は比較的弱い。このCDはカラスのカルメンを聴くものです。面白いのは、これほどの当たり役に思えるカルメンを、カラスは生涯、舞台で歌うことがありませんでした。

他にはヘルベルト・フォン・カラヤン指揮ヴィーン・フィルハーモニー管弦楽団の演奏

が素晴らしい。カルメンを歌う黒人歌手レオンティン・プライスは非常に色気があるし、フランコ・コレッリのホセもロバート・メリルのエスカミリオも見事な歌唱を披露しています。ミカエラを歌うミレッラ・フレーニの可憐な美しさは絶品です。もちろんカラヤンの指揮も文句がつけようもなく、すべてが揃った名盤と言えます。

ロリン・マゼール指揮ベルリン・ドイツ・オペラ管弦楽団の演奏もいい。美貌のソプラノ、アンナ・モッフォが歌うカルメンは、非常に魅力的です。ただしCDなので、顔は見ることができません。マゼールの演奏は才気走った感じがしますが、鋭いリズムで小気味いい。

最近の演奏ではサイモン・ラトル指揮ベルリン・フィルハーモニー管弦楽団の演奏が素晴らしい。歌手陣も水準が高い。

DVDですが、カルロス・クライバー指揮ヴィーン国立歌劇場管弦楽団の演奏はクライバーの指揮が最高です。第一幕の前奏曲からすべての主役はクライバーです。劇中に何度かクライバーの指揮ぶりが映し出されますが、これが痺れるほどかっこよく、舞台以上に魅《み》せます。音楽は凄い推進力で進んでいきます。そして時に艶めかしく、切なく、抜群にセクシーです。第四幕の最後の悲劇性も悲痛なまでの盛り上がりを見せます。カルメンを歌うエリーナ・オブラスツォワもドン・ホセを歌うプラシド・ドミンゴも見事な歌唱を聴かせます。ただし、オブラスツォワは映像で見る分には、男たちを狂わせるほど魅力ある女には見えないのが少々辛いですが。

ショパン「ピアノソナタ第二番《葬送》」

暗く悲しく、優しい美しさに溢れた曲

祖国とピアノをこよなく愛して

ショパン（一八一〇―四九）はピアノのために生まれた作曲家です。前述のように、彼の書いた曲のすべてがピアノを含む曲で、普通の作曲家が書く交響曲や管弦楽曲は一曲もありません。

そのピアノ曲は非常に人気が高く、《英雄ポロネーズ》「ワルツ第六番《子犬のワルツ》」「一二の練習曲 作品10‐3《別れの曲》」など、クラシック音楽にまったく興味のない人にも知られています。

ショパンはロシアに支配されていた時代のポーランドで生まれ、幼くしてピアノの天才少年、神童と謳われました。ただ、十代の終わり頃に書かれた肖像画にはすでに結核の兆候が見られるとも言われています。この病は生涯にわたってショパンを苦しめ、三九歳の若い命を奪うことになります。

二〇歳の時に、より素晴らしい音楽を身につけようと、祖国を離れて西ヨーロッパへと旅立ちますが（当時の音楽の中心はヴィーンやパリだった）、旅の途中に悲しいニュースを聞きます。それは祖国ポーランドが独立を目指して、ロシアに対して武装蜂起をしたものの、ロシアの軍隊によって鎮圧されたというものでした（十一月蜂起）。この事件は愛国青年であったショパンに大きな悲しみを与えました。

彼は死ぬまで祖国に戻ることはありませんでしたが、ポーランドに対する愛と望郷の念は生涯強く持っていました。それはポーランドの民族舞曲であるマズルカやポロネーズを作り続けたことでもわかります。

二一歳の時、パリで演奏会を開き、聴衆を驚かせます。この時、ショパンの演奏を聴いたロマン派を代表する作曲家ロベルト・シューマンが「諸君、脱帽したまえ。天才だ」と書いたのは有名です。

誰も聴いたことがなかった叙情性を湛《たた》えた繊細なピアノ曲と、高度なテクニックに支えられた演奏によって、ショパンはたちどころに時代の寵児となりました。しかし、肺の病のために演奏旅行はほとんどできず、また大きなホールでの演奏会も滅多《めった》に開きませんでした。彼は貴族や文化人たちのサロンなどでの演奏を好みました。一説には、ショパンのピアノの音は小さく、大きなホール向きではなかったためではないかとも言われています。

二五歳の時、同郷のマリア・ヴォジンスカと再会して婚約しましたが、マリアが若く(当時一六歳)、またショパンの健康状態もよくなかったために、これは破棄されました。ショパンはマリアと別れることになった悲しみの気持ちを託した曲をいくつか作っています《別れのワルツ》とも呼ばれる「ワルツ第九番《告別》」や「一二の練習曲 作品25-2」など)。

翌年、彼は女流小説家ジョルジュ・サンドと運命的な出会いをします。名作『愛の妖精』の作者であるサンドは男装の麗人であり、また恋多き女として多くの浮名を流していました。ショパンは最初、サンドに嫌悪感を抱いていましたが、まもなく彼女と恋に落ち、パリの社交界でも二人の仲が知られることになりました。

二年後の一八三八年の冬、二八歳のショパンは療養生活を送るために、サンドとマジョルカ島に渡ります。ところが、二人が結婚していないということが島の住民たちに知られ、荒ら屋《あばらや》のような家しか借りられず、かえって健康状態を悪化させることになってしまいました。しかし皮肉なもので、この逆境の時に、ショパンは多くの名曲を書きます。今回、紹介する「ピアノソナタ第二番《葬送》」もこの時に作られたと言われています。

謎の第四楽章の解釈

第三楽章に「ターターータタターーターータ」という独特のリズムで奏でる「葬送行進曲」が入っているために《葬送ソナタ》とも呼ばれるこの曲は、ショパンの数多くのピアノ曲の中でももっとも有名な曲の一つです。このメロディーを知らない人はいないでしょう。

三九年という短い生涯の間に夥《おびただ》しいピアノ曲を作ったショパンですが、実はピアノソナタは正式には三曲しか書きませんでした。しかも「第一番」は少年時代の習作であり、実質的に作曲したのは「第二番」と「第三番」の二曲であるとも言えます。

《葬送》は全四楽章からなりますが、そのすべてが短調という一種異様な曲です。その中で、もっとも陰鬱なのが第三楽章の「葬送行進曲」ですが、この曲だけはマジョルカ島に渡る一年前に書き上げています。つまり、このソナタは「葬送行進曲」を中心にして構成された曲ということになります。ただ、ショパンがなぜ「葬送行進曲」を作曲したのかは不明です。

第一楽章は、暗く短い序奏のあと、いきなり激しいリズムで主題が奏されます。私はこの冒頭部分を聴くと、戦場での戦いの開始を連想します。

ショパンはワルツやノクターンなど非常に優美で華やかな曲を書く音楽家というイメージが強いですが、私は、「戦闘の悲劇を描く作曲家」ではないかと思っています。彼の《英雄ポロネーズ》「一二の練習曲 作品10-12《革命》」「同 作品25-11《木枯らし》」「同 作品25-12《大洋》」などは、どう聴いても「戦場」としか思えない悲痛で闘争的な音楽だからです。もしかしたら、それらの音楽の底に流れるのは「十一月蜂起」ではないでしょうか。その蜂起で多くの友人が死んだことを知ったショパンは、悲憤の気持ちで《革命》を書いたと言われていますが、彼は生涯にわたって、その気持ちを忘れませんでした。《葬送》にはショパンの怒りと悲しみがはっきりと聴き取れます。この第一楽章はまさしく「戦場の音楽」です。不気味なリズムが楽章全体を支配し、聴く者の不安を弥《いや》が上《うえ》にも煽ります。

続く第二楽章では、前の楽章以上に激しい戦いが繰り広げられます。多くの半音階が使われ、悲劇性はいや増します。トリオ（中間部）では一瞬明るさを見せますが、それも束の間で、最後は再び短調になり、静かに終わります。

さて、二つの楽章を終えて、いよいよこの曲の白眉である第三楽章です。弔いの鐘が鳴るように暗い和音が鳴り響き、重苦しい葬送行進曲が始まります。古今、「葬送行進曲」と名づけられた曲は多い。そのほとんどが死を弔う悲しみに満ちていますが、ショパンのこの曲は、その中でも最も悲劇性が強いものです。

ここからは私の勝手なイメージですが、先行する二つの楽章は、十一月蜂起においてロシアと戦うポーランドの若者たちを表しています。そして、ついに一人の若者が倒れます。「葬送行進曲」は、彼を悼《いた》む音楽です。

しかし悲痛な行進曲の中に、突然、美しいメロディーが流れます。さきほどまでの葬送の音楽とは対極的な甘美な優しさに満ちています。いったい、この音楽は何でしょう――これは今まさに死に絶えようとしている若者が、美しい故郷と青春を回想する音楽にほかなりません。懐かしき故郷の情景、美しかった思い出が、若者の脳裏に去来しているのです。

もちろん、これは私の想像です。ショパン自身はこのトリオについて何も語っていません。しかし、私にはそれ以外のイメージは思い浮かびません。だから、この美しいトリオは葬送行進曲以上に悲しく響きます。

美しき回想が過ぎ去ると、再び「葬送行進曲」が始まります。そして、若者は静かに息絶えます――。

「葬送行進曲」が終わると、すぐに終楽章の第四楽章が始まりますが（休みなしに続けて演奏するピアニストもいる）、これが実に不気味な謎の曲なのです。というのも、それまでの三つの楽章は平均八分前後あるのに対して、第四楽章は一分半ほどしかありません。それもメロディーらしきものは何もなく、ほとんどが両手のユニゾン（並行した同じ音）で、鍵盤をただやみくもに走り回る。しかも調性もあやふやで、長調か短調かもはっきりしません。

多くの評論家がこの楽章を「墓の上に風が吹く」と喩えますが、この表現には全面的に賛成します。まさしくそれ以外に解釈のしようがない曲だからです。

誰もいない丘の上に建つ墓の上を一陣の風が通り過ぎていく――そして最後に不気味な和音が鳴らされて、唐突に終わります。この曲を聴かされたパリのサロンの聴衆は、聴き終えた時に、呆然としたのではないでしょうか。

ショパンを高く評価していたシューマンは、従来の古典的なピアノソナタの作り方を大きく逸脱したこの曲の構成を、「四人の乱暴な子供を無理矢理にくくりつけた」と評しましたが、これは否定的な意見ではありません。むしろその斬新さを称《たた》えた言葉と解するべきです。

ショパンはこの五年後、「ピアノソナタ第三番」を作曲しますが、これは古典的な構成に近づけた規模の大きな曲で、二番に優るとも劣らない名曲です。CDではこの二曲がカップリングされていることが多く、二つの曲を聴き比べるのも楽しいです。

「演奏」という行為の神秘と真実

《葬送》は大変な人気曲だけに、名盤も多い。

まず挙げたいのがマウリツィオ・ポリーニの演奏です。思わず、「これぞ名演」と言いたくなるくらい、完璧無類な演奏です。よく言われる「知・情・意」がすべて揃った名盤です。

ポリーニと同じくショパン国際ピアノコンクールの優勝者であるマルタ・アルゲリッチの演奏も最高に素晴らしいものです。ただ、非常に個性的で暴れ馬みたいな演奏です。テンポも自在に揺れ、まさに即興で弾いている感じがあって、ぞくぞくするような魅力はポリーニを凌ぎます。第三楽章の「葬送行進曲」の間に挟まれる中間部分の美しさは言葉では形容できないほどです。

フランスが生んだ天才ピアニスト、サンソン・フランソワの演奏も独特の個性が煌めいています。

他にもヴラディーミル・アシュケナージ、エフゲニー・キーシン、内田光子《うちだみつこ》、マレイ・ペライア、ヴァン・クライバーンなど、名演奏が目白押しです。

正統派的な演奏から大きく逸脱していますが、ヴラディーミル・ホロヴィッツの演奏は欠かせません。まず、音が独特です。ピアノの音を文章で表現するのは難しいのですが、ホロヴィッツのピアノの音は、ピアノ線をフェルトのハンマーで叩くのではなく、太い鋼《はがね》の棒を木で叩いている感じがします。もちろん実際にはそんなことはありえないのですが、そんなイメージを想起させるほど、不思議な音を出すピアニストなのです。

もちろん演奏も超個性的です。彼に比べればアルゲリッチさえも淑女に思えてしまうほどです。テンポもリズムも自在に変化させ、まさに好き勝手に弾いているのですが、じっくり聴くと、《葬送》の真の姿を表現している感じがします。《葬送》をはじめて聴くという人には、けっして薦められない演奏ですが、この曲の魅力に取り憑かれた人なら、ぜひ、ホロヴィッツを聴いてほしいと思います。そこには「演奏」という行為が持つ神秘と真実は何かという問いかけがあります。

ベートーヴェン「ディアベリ変奏曲」

すべてのピアノソナタを書き終えたあとに作った大曲

ピアノが楽器として進化した時期

ベートーヴェン（一七七〇―一八二七）は生涯にわたってピアノを愛した人です。もともとヨーロッパ一のピアニストになるのが夢だった彼は、一六歳の時にボンからヴィーンに出て、新進気鋭のピアニストとして活躍しました。当時は、公開のピアニスト対決というイベントもよくあり、そこでベートーヴェンは連戦連勝でした。

栄光への道をまっしぐらに走っていたベートーヴェンでしたが、二十代半ばに、耳が聴こえなくなるという音楽家にとって致命的とも言える病に見舞われます。これが世間に知られてはピアニストとして大打撃を受けます。彼は密かに治療に取り組みますが、病の進行を止めることはできませんでした。三〇歳になった頃、もはや治癒は絶望的と悟り、ついに演奏家として生きることを断念します。一時は自殺も考えたベートーヴェンでしたが、それを思いとどまらせたのは音楽への情熱でした。以後は作曲家として生きる決意をします。

ところで、一般には耳疾《じしつ》（耳の疾病《しっぺい》）に見舞われたのは二十代の頃と考えられていますが、私は実は十代の半ばからではないかと思っています。というのは、少年時代のベートーヴェンはしばしば「ラプトゥス（熱狂、あるいは一つのことに集中しすぎる状態）」に陥り、周囲の人が呼びかけても返事をしなかったという話がいくつも残っているからです。彼の異様な集中力を示すものとして語られるエピソードですが、私は、彼には実際に他人の声が聴こえていなかった可能性もあるのではないかと思っています。彼自身、「自分はしばしばラプトゥスに陥る」と公言していましたが、それはもしかしたら一種のカモフラージュだったのではないでしょうか。そうだとすれば、ベートーヴェンがどれほどの不安と恐怖で青春を送ってきたのかと思うと、胸が詰まります。

ピアニストをあきらめて作曲家として生きることを選んだベートーヴェンが、生涯にわたって弛《たゆ》まず書き続けたのはピアノソナタでした。三二曲という数も他のジャンルの曲を圧しています。他の曲は、ある時期に集中的に書いても、中断期や中年以降には書いていません。交響曲も初期には書いていません。

ベートーヴェンがピアノソナタを書き続けたのは、何よりもピアノを愛していたからですが、もう一つの理由はピアノという楽器の発達にあったとも言われています。前述のように、モーツァルトの時代に黎明期《れいめいき》を迎えたピアノはその後、急速に進化しました。音が大きくなり、鍵盤数が増え、さらに音色にさまざまな変化がもたらされ、表現力が飛躍的に広がっていきました。ベートーヴェンは新しくなる楽器に触発されて、次々とピアノソナタを書きました。彼にとって、ピアノは常に自分の音楽を表現する理想の楽器であり続けたのです。

しかし彼の音楽表現力の進化はピアノを追い越してしまいました。全幅の信頼を置いていたピアノでさえも、彼の音楽を表現できなくなったのです。ベートーヴェンは、五一歳で最後のピアノソナタを書いた時、「ピアノという不完全な楽器は、これからも多くの作曲家を苦しめるだろう」という言葉を残し、以後、五六歳で亡くなるまで、ついにピアノソナタは作ろうとはしませんでした。ちなみに最後の「ピアノソナタ第三二番」はピアノの神が作ったのかと思えるほどの傑作です。

はじめて聴くと退屈だが……

さて、ずいぶん前置きが長くなりましたが、今回紹介する曲はベートーヴェンがすべてのピアノソナタを書き終えたあとに作ったピアノ曲「ディアベリ変奏曲」です。演奏時間が五〇分を超えるとてつもない大曲で、耳が完全に聴こえなくなった男が作る曲とは思えません。ある意味、その存在そのものが狂気の産物です。ベートーヴェンはいったいなぜこんな曲を書いたのでしょうか。

この曲が作られたきっかけは、ヴィーンで楽譜出版を営《いとな》むアントン・ディアベリという人物が、自作のワルツのメロディーを主題にして、当時ヴィーンで活躍する著名な音楽家たち五〇人に一曲ずつ変奏曲を書いてもらい、長大な曲を作ろうと考えたことでした。ベートーヴェンも義理でその仕事を引き受けましたが、ディアベリのワルツの主題が気に入らず、なかなか変奏曲を書こうとしませんでした（彼はその主題を「靴屋の継ぎ皮」と言って馬鹿にしたという逸話が残っている）。

ディアベリに何度もせっつかれて、仕方なくベートーヴェンも重い腰を上げたのですが、そこで彼の中のスイッチが入ってしまいました。依頼は変奏曲を一曲だけというものだったにもかかわらず、ベートーヴェンは次から次へと変奏曲を書き続けたのです。それはとどまるところを知らず、ついには三三曲からなる長大な変奏曲を仕上げてしまったというわけです。

ところで、ベートーヴェンの変奏曲は主題にさまざまな音をちりばめる「装飾変奏」ではなく、主題から動機を取り出し、リズムやテンポさえも自在に変え、異なるメロディーを生み出して次々と展開していく独創的なものです。これは「性格変奏」と呼ばれるもので、彼は若い頃からこれを得意としていました。そして人生の最晩年に、これまで培《つちか》ってきたピアノ書法のすべてを注いで書いたのが「ディアベリ変奏曲」です。これはバッハの「ゴルトベルク変奏曲」に匹敵する、クラシック音楽史上に残る大傑作の変奏曲です。

ただ、ここで読者の方に言っておきたいことがあります。はじめてこの曲を聴かれた方は、ほとんどの方が退屈します。

何しろ五〇分を超える長大さの上に、全体として捉えどころがなく、しかもそれぞれの変奏曲は聴きやすくはなく、むしろ晦渋なメロディーと複雑な対位法（異なる二つ以上のメロディーが同時に進行する音楽）が絡み合う曲なので、ある程度クラシック音楽を聴き慣れた人でも、はじめは取っつきにくいはずです。しかし、じっくりと聴き込めば、素晴らしい感動が与えられる曲であることは断言してもいい。一九世紀の大ピアニストであり指揮者のハンス・フォン・ビューローはこの曲に関して次のように述べています。

「ベートーヴェンの天才の凝結《ぎょうけつ》であると共に、音楽の全世界の要約であり、音楽的な構想と想像力のあらゆる展開が、そしてもっとも高尚深遠な思想からもっとも奔放な諧謔までが、もっとも雄弁に語られている。それは尽きることのない泉にひとしく、われわれにかぎりない栄養を与えてくれる」

ちなみにこの曲はディアベリの当初の企画とは異なり、ベートーヴェンの単独作品として出版されました。翌年、ディアベリは「祖国芸術家連盟」第一部として再刊、その第二部にその他の五〇人の作品が収められました。

ディアベリのワルツの主題は一分足らずの短いもので、前半部分と後半部分がそれぞれ反復されて演奏されます。ベートーヴェンに酷評されたメロディーですが、なかなかチャーミングで魅力的です。本当はベートーヴェンも気に入っていたのではないでしょうか。

しかし第一変奏からベートーヴェンの世界となります。三拍子から四拍子に変化し、力強く雄々《おお》しいメロディーが現れる。ここから音楽は宇宙的とも言える広大で深遠な世界へと入っていきます。

このあと、次々と変奏曲が出てきますが、それらはどれ一つとして似たものはありません。そこに現れるのはまさしく万華鏡のような世界です。それはもはや変奏曲という概念を超えています。ベートーヴェン自身もこの曲を単なる変奏曲とは考えていませんでした。その証拠に、曲のタイトルには変奏（Variationen）ではなく、変容（Veränderungen）という言葉を用いています。この曲の正式タイトルは、「ディアベリのワルツによる三三の変容」です。

ベートーヴェンはピアノソナタには厳格な姿勢で臨みましたが、この曲に関しては楽しんで作っている感じがあります。遊び心もふんだんにあります。第二二変奏では、モーツァルトのオペラ「ドン・ジョヴァンニ」のレポレロのアリアを変奏曲に取り入れています。このアリアはレポレロが主であるドン・ジョヴァンニにこき使われるのを嘆く歌ですが、ベートーヴェンはディアベリに催促される状況をここに皮肉って入れたのです。

しかし変奏曲の終盤、第二九変奏から音楽は一変します。ユーモアや諧謔は影を潜《ひそ》め、それまでの長調から短調へと変わり、音楽があたかも神秘の森に入っていくようです。これこそベートーヴェンが晩年に到達した幽玄の世界です。

第三〇変奏で束の間の明るさを取り戻しますが、次の第三一変奏では再び短調になり、

「悲しみ」という言葉さえも足りないほどの哀切きわまりないメロディーが奏でられます。もはや最初の主題のチャーミングさはどこにもありません。この霊妙とも言える変奏曲は、同曲中で、もっとも長い。

そして次の第三二変奏でフーガが始まります。晩年のベートーヴェンは何かに挑もうとする時にフーガを用いることが多いのですが、ここでも彼は何かに挑んでいるように見えます。つまりこのフーガはベートーヴェンがピアノで表現した最後の闘争とも言えます。やがてフーガが終わり、主題によく似たかわいいワルツの変奏曲に戻ります。このワルツはまるで無垢《むく》な子供が天国で戯れているように見えます。曲は明るい和音で幕を閉じます。

この曲を聴き終えると、私はいつも呆然とします。何という世界、何という神秘――。そして、この曲こそ、ベートーヴェンの生涯そのものを描いたものではないだろうか、とさえ思います。

「好き」を超えた愛聴盤

この曲は驚くほど名盤が多い。歴史に残る大ピアニストたちが全力でこの大曲に立ち向かっています。その姿だけでも感動的です。

スヴャトスラフ・リヒテルはこの曲を演奏会で何度も弾き、そのいくつかがライブ録音として残っていますが、そのどれもが凄まじい名演です。

アルトゥール・シュナーベル、ヴィルヘルム・バックハウス、ルドルフ・ゼルキン、クラウディオ・アラウの演奏は、「偉大」としか形容のできないものです。

私がもっとも好きなのは、フリードリヒ・グルダの演奏です。速いテンポで切れ味鋭く弾きながら、めくるめくような世界を表現しています。スケールも大きく、まさに奇跡的な名演だと思います。「ディアベリ変奏曲」のCDの中で特に好きという枠を超えて、私の愛聴盤です。

他にも、マウリツィオ・ポリーニ、ダニエル・バレンボイム、ヴラディーミル・アシュケナージの演奏も素晴らしい。

ルドルフ・ブッフビンダーのCDは、この曲と他の作曲家たちの変奏曲を合わせて弾いていますが、同じ主題でも作曲家によって変奏のされ方の違いが見えて、非常に面白い。もちろんブッフビンダーの演奏も名演です。

『永遠の0《ゼロ》』を書いている時に聴いた曲【コーダ】

私は小説を書く時は、ほとんどいつもクラシック音楽をかけています。これは半ば癖のようなもので、音楽がないと落ち着かないのです。だからたいていは適当に近くにあったCDや、たまたまその時のお気に入りをかけています。

ところがごく稀《まれ》に、書いているシーンや人物に合わせて、同じ曲ばかり繰り返し聴く時があります。自分の中の創作の泉（そんなものがあるのかどうかは不明だが）をその音楽が刺激し、それを耳にしていると筆が進むのです。そして極端な時には、この場面を書くにはこの曲を聴いていないと駄目だという気分になってくることさえあります。この本の中にもいくつかそんなことを書き連ねましたが、これはあくまで私の個人的な感情にすぎません。読者の皆さんは私の印象に惑わされることなく自由なイメージで聴いてもらいたいと思います。

ただ最後に、自分の小説とのかかわりの中で特に強烈な思い入れがある作品と曲を紹介したいと思います。

その小説は私のデビュー作『永遠の0』(講談社文庫)です。この作品のエピローグであるラストシーンを書いている時、実はある曲をエンドレスでリピートして鳴らしていました。まさにその音楽こそが、『永遠の0』のラストシーンにふさわしい、というか、これしかない! という気持ちで聴いていたからです。

小説は映画ではないから、物理的には映像もBGMもありません。しかし執筆している私の脳裏には、この時の場面が映像のようにはっきりと映っていました。そしてその映像のバックにはこの曲が映画音楽のように流れていたのです。

その曲とはマスカーニの歌劇「カヴァレリア・ルスティカーナ」の間奏曲です。小説を読んでいない方にネタバレをすることになるので、エピローグのラストがどういう場面であるかを説明はできませんが、物語の主役であった一人の零戦搭乗員・宮部《みやべ》久蔵《きゆうぞう》の弔いの場面です。

恥ずかしい話を白状すると、私はこの場面を涙をぼろぼろ流しながら書きました。キーボードを叩く指にも涙がぼたぼたと落ちました。パソコンのモニターに映る字がぼやけるたびに目をこすったのを覚えています。何度も何度も書き直し、そのたびに泣きました。

「カヴァレリア・ルスティカーナ」の間奏曲はわずか数分の曲ですが、執筆中はこのCDをエンドレスでかけ続けました。もう何度聴いたかわかりません。今でも宮部の弔いの場面を思い出すとこの音楽が頭の中で鳴り響くほど、私の中に刷り込まれています。

『永遠の0』は映画化されましたが、その場面は映画にはありません。映画は宮部が米空母に突入する直前に終わっているからです。

もしこの本の読者で『永遠の0』の原作をお読みになられた方は、一度、「カヴァレリア・ルスティカーナ」の間奏曲を聴きながらエピローグを読んでもらいたいと思っています。私が執筆の時に宮部久蔵に対して抱いた哀惜の気持ちの幾分かは共有してもらえるかもしれません。

※1～3は登場する巻数

	1900　　　　　　　　　　2000	
		ヴィヴァルディ (1678～1741)
	ゴルトベルク変奏曲2	**バッハ** (1685～1750)
		ヘンデル (1685～1759)
	94番《驚愕》2	**ハイドン** (1732～1809)
	3 第20番1、ピアノ協奏曲第24番3 婚2 第1番2、魔笛2、 第27番3、レクイエム3 ァンニ1	**モーツァルト** (1756～1791)
	ノソナタ第8番《悲愴》3 曲第3番《英雄》2 ノソナタ第23番《熱情》1 曲第7番3、交響曲第8番2 ノソナタ第32番2 アベリ変奏曲1 弦楽四重奏曲3 曲第9番《合唱付》2 ノ協奏曲第5番《皇帝》3 曲第6番《田園》2 曲第5番《運命》3 イオリン協奏曲2、 四重奏曲第7番、8番、9番2	**ベートーヴェン** (1770～1827)
	― 24の奇想曲1	**パガニーニ** (1782～1840)
	――― 序曲集2	**ロッシーニ** (1792～1868)

本書に登場する音楽家と楽曲①

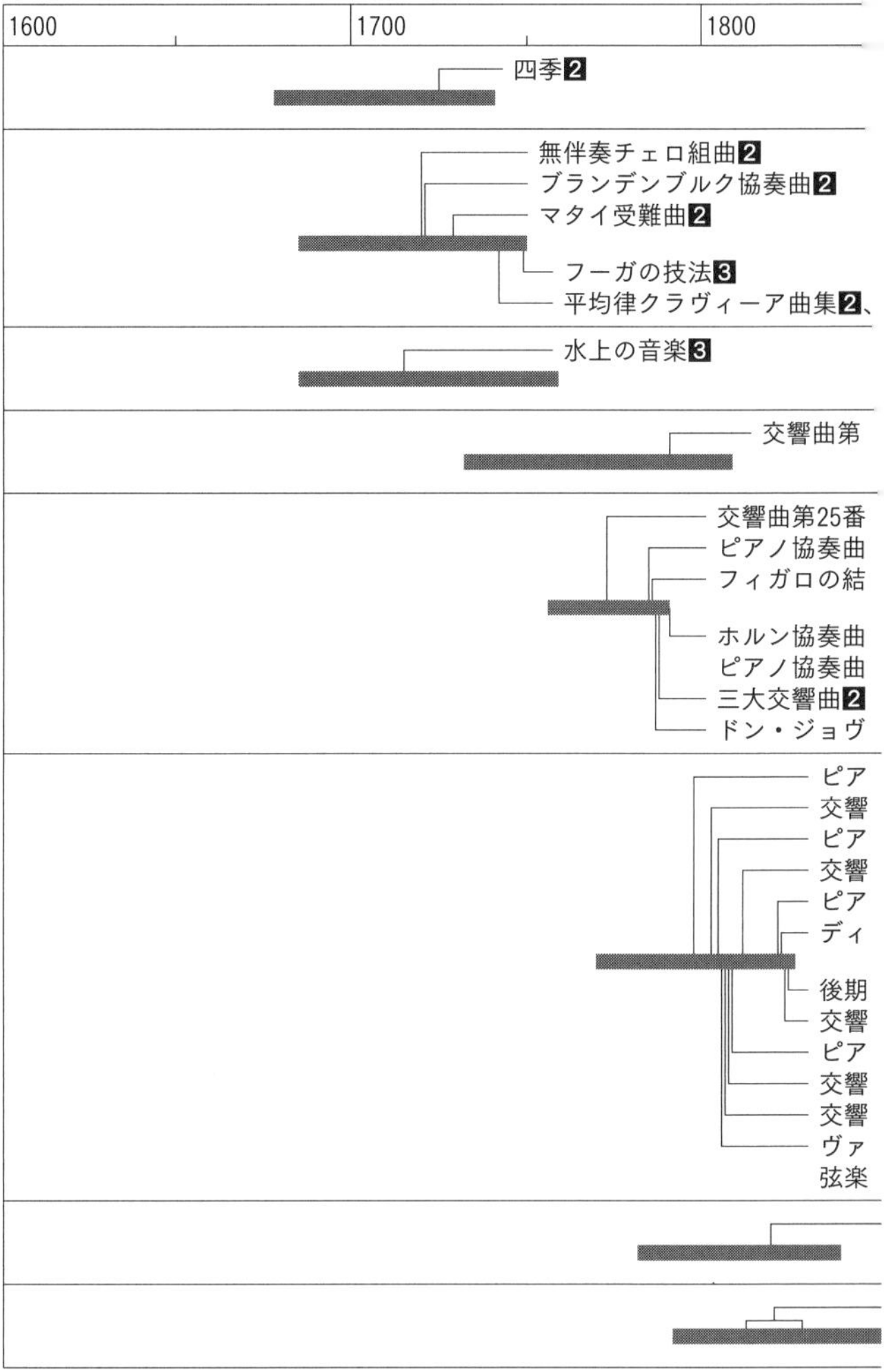

※❶～❸は登場する巻数

1900　　　2000	
魔王❸ 交響曲第7番《未完成》❷ 弦楽四重奏曲第14番《死と乙女》❸ 幻想曲❶、ピアノソナタ第19～21番《遺作》❸	**シューベルト** (1797～1828)
幻想交響曲❶	**ベルリオーズ** (1803～1869)
ヴァイオリン協奏曲❷	**メンデルスゾーン** (1809～1847)
ピアノ協奏曲第1番❶ 12の練習曲❸ ピアノソナタ第2番《葬送》❶	**ショパン** (1810～1849)
ピアノソナタ ロ短調❶	**リスト** (1811～1886)
ヴァルキューレ❸ トリスタンとイゾルデ❶	**ヴァーグナー** (1813～1883)
交響曲第8番❷	**ブルックナー** (1824～1896)
モルダウ❸	**スメタナ** (1824～1884)
美しき青きドナウ❷	**ヨハン・シュトラウス2世** (1825～1899)
弦楽六重奏曲第1番❶ 交響曲第1番❸ クラリネット五重奏曲❸	**ブラームス** (1833～1897)
カルメン❶	**ビゼー** (1838～1875)
展覧会の絵❶	**ムソルグスキー** (1839～1881)

本書に登場する音楽家と楽曲②

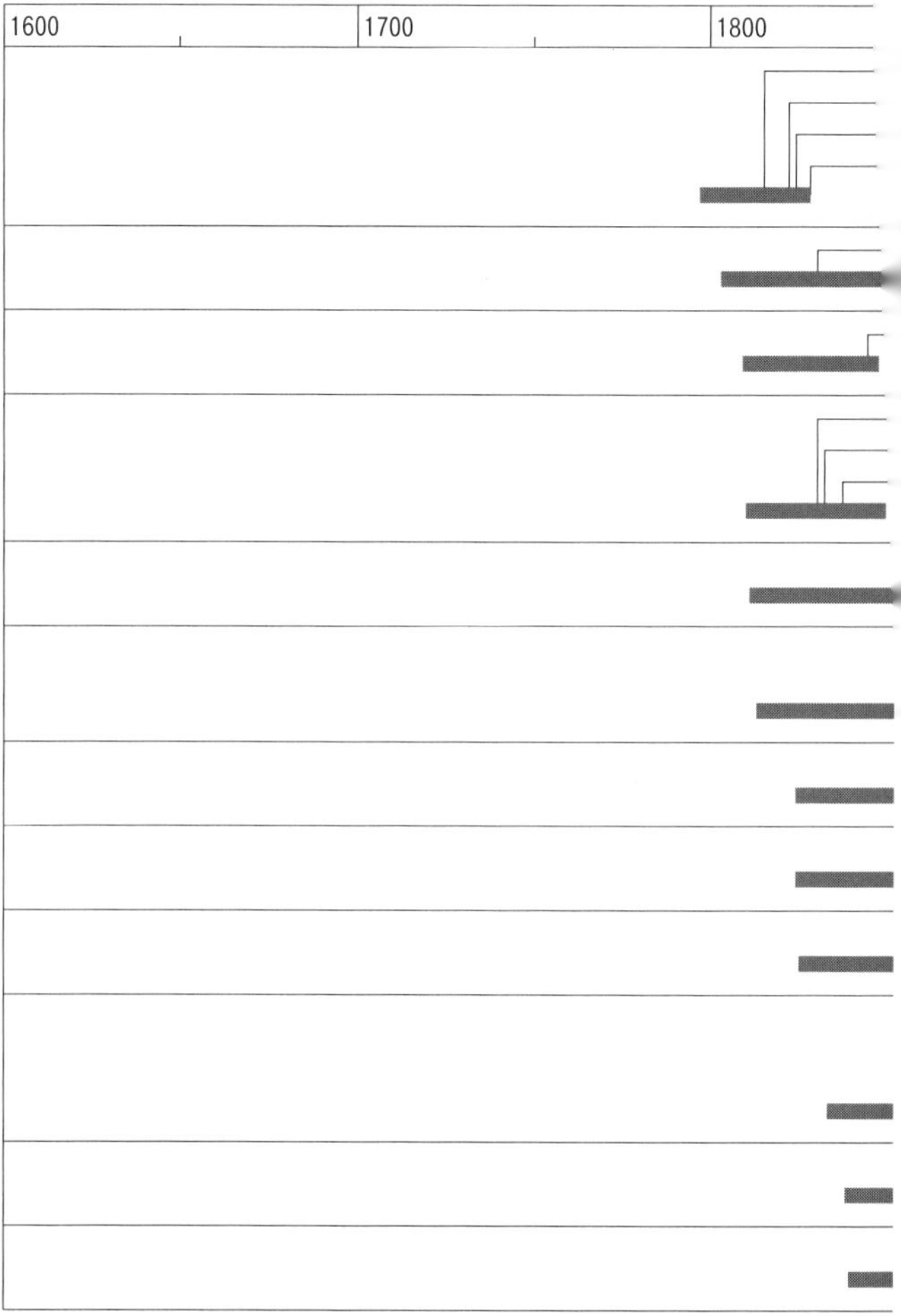

※❶〜❸は登場する巻数

1900　　2000	
白鳥の湖❶ 交響曲第6番《悲愴》❸	**チャイコフスキー** (1840〜1893)
交響曲第9番《新世界より》❸	**ドヴォルジャーク** (1841〜1904)
ペール・ギュント❶	**グリーグ** (1843〜1907)
レクイエム❷	**フォーレ** (1845〜1924)
ラ・ボエーム❶	**プッチーニ** (1858〜1924)
牧神の午後への前奏曲❶	**ドビュッシー** (1862〜1918)
ツァラトゥストラはかく語りき❸ 英雄の生涯❸ サロメ❶ 四つの最後の歌❸ ばらの騎士❶	**リヒャルト・シュトラウス** (1864〜1949)
ラグタイム❷	**ジョプリン** (1868〜1917)
ピアノ協奏曲第2番❶	**ラフマニノフ** (1873〜1943)
惑星❶	**ホルスト** (1874〜1934)
夜のガスパール❶	**ラヴェル** (1875〜1937)
春の祭典❶	**ストラヴィンスキー** (1882〜1971)
交響曲第5番❸	**ショスタコーヴィチ** (1906〜1975)

本書に登場する音楽家と楽曲③

本文デザイン　盛川和洋
本文ＤＴＰ　キャップス
図版作成　篠　宏行
写真　パブリックドメイン

切りとり線

★読者のみなさまにお願い

この本をお読みになって、どんな感想をお持ちでしょうか。祥伝社のホームページから書評をお送りいただけたら、ありがたく存じます。今後の企画の参考にさせていただきます。また、次ページの原稿用紙を切り取り、左記まで郵送していただいても結構です。

お寄せいただいた書評は、ご了解のうえ新聞・雑誌などを通じて紹介させていただくこともあります。採用の場合は、特製図書カードを差しあげます。

なお、ご記入いただいたお名前、ご住所、ご連絡先等は、書評紹介の事前了解、謝礼のお届け以外の目的で利用することはありません。また、それらの情報を6カ月を越えて保管することもありません。

〒101-8701（お手紙は郵便番号だけで届きます）
祥伝社　新書編集部
電話03（3265）2310
祥伝社ブックレビュー　www.shodensha.co.jp/bookreview

★本書の購買動機（媒体名、あるいは○をつけてください）

＿＿＿＿新聞の広告を見て	＿＿＿＿誌の広告を見て	＿＿＿＿の書評を見て	＿＿＿＿の Web を見て	書店で見かけて	知人のすすめで

★100字書評……クラシックを読む1

名前

住所

年齢

職業

百田尚樹　ひゃくた・なおき

1956年、大阪市生まれ。同志社大学中退。放送作家として、「探偵！ナイトスクープ」等の番組構成を手掛ける。2006年に『永遠の0』で作家デビュー。2013年に『海賊とよばれた男』で第10回本屋大賞を受賞。他の著書に『カエルの楽園』『鋼のメンタル』『日本国紀』『百田尚樹の日本国憲法』『百田尚樹の新・相対性理論』『アホか。』など多数。

クラシックを読《よ》む1
愛《あい》・狂気《きょうき》・エロス
百田尚樹《ひゃくたなおき》

2021年11月10日　初版第1刷発行

発行者……………辻 浩明
発行所……………祥伝社《しょうでんしゃ》
〒101-8701　東京都千代田区神田神保町3-3
電話　03(3265)2081(販売部)
電話　03(3265)2310(編集部)
電話　03(3265)3622(業務部)
ホームページ　www.shodensha.co.jp

装丁者……………盛川和洋
印刷所……………萩原印刷
製本所……………ナショナル製本

Printed in Japan　ISBN978-4-396-11641-5　C0295

〈祥伝社新書〉
芸術と芸能に触れる

358
芸術とは何か
千住博が答える147の質問
「インターネットは芸術をどう変えたか？」「絵画はどの距離で観るか？」……ほか
日本画家
千住　博

349
あらすじで読むシェイクスピア全作品
「ハムレット」「マクベス」など全40作品と詩作品を収録、解説する
東京大学教授
河合祥一郎

413
思いがけない日本美術史
日本画は、いつも新鮮！　等伯、仙厓ら12の作品から知る鑑賞のツボ
明治神宮ミュージアム館長
黒田泰三

561
ゆるカワ日本美術史
土偶、埴輪から仏像、絵巻、禅画、近代絵画まで、kawaiiの源流を辿る
跡見学園女子大学教授
矢島　新

599
現代アートをたのしむ
人生を豊かに変える五つの扉《ドア》
「わからない」が「面白い」に変わる、現代アートのガイダンス
作家
原田マハ
キュレーター
高橋瑞木

〈祥伝社新書〉
経済を知る

111
超訳『資本論』
貧困も、バブルも、恐慌も——マルクスは『資本論』の中に書いていた！
神奈川大学教授 **的場昭弘**

343
なぜ、バブルは繰《く》り返されるか？
バブル形成と崩壊のメカニズムを経済予測の専門家がわかりやすく解説
久留米大学教授 **塚崎公義**

498
総合商社 その「強さ」と、日本企業の「次」を探る
なぜ日本にだけ存在し、生き残ることができたのか。最強のビジネスモデルを解説
専修大学教授 **田中隆之**

625
カルトブランディング 顧客を熱狂させる技法
グローバル企業が取り入れる新しいブランディング手法を徹底解説
マーケティングコンサルタント **田中森士**

636
世界を変える5つのテクノロジー SDGs、ESGの最前線
2030年を生き抜く企業のサステナブル戦略を徹底解説
京都大学大学院特任准教授 **山本康正**

〈祥伝社新書〉
令和・日本を読み解く

570
資本主義と民主主義の終焉
平成の政治と経済を読み解く
歴史的に未知の領域に入ろうとしている現在の日本。両名の主張に刮目せよ
法政大学教授 水野和夫
法政大学教授 山口二郎

571
三度目の日本
幕末、敗戦、平成を越えて
令和日本はどうあるべきか。多くの著作で予測を的中させた著者の最後の提言
作家・評論家 堺屋太一

541
日本の崩壊
日本政治史と古代ローマ史の泰斗が、この国の未来について語り尽くす
東京大学名誉教授 御厨 貴
東京大学名誉教授 本村凌二

609
日本は戦争に連れてゆかれる
狂人日記2020
2024年に世界恐慌、2030年に第三次世界大戦が私たちを襲う！
評論家 副島隆彦

637
異形の政権
菅義偉の正体
菅政権とは何だったのか――。メディアが報じなかった実像に迫る！
作家・元外務省主任分析官 佐藤 優
山口二郎